I0790611

Prefacio[1]

Nuestro mundo globalizado se caracteriza por contar con avances extraordinarios en términos de comunicación e interdependencia a la par de niveles inaceptables e insostenibles de miseria, discriminación, injusticia y un comportamiento cuando menos irresponsable con el ambiente.

Es un mundo que transita una nueva era geológica en la historia del planeta, el Antropoceno. En la misma, el hombre emerge como una nueva fuerza capaz de afectar los procesos fundamentales de la biosfera a través de la conjunción de dos fenómenos relacionados: el rápido crecimiento poblacional y el incremento del consumo de recursos per cápita.

En el plano social, el hambre, la pobreza y la desigualdad persisten en muchas regiones, adonde el progreso ha pasado por alto a una gran cantidad personas, sobre todo a aquellos que se encontraban en los escalones económicos más bajos o estaban en desventaja debido a su género, edad, discapacidad o etnia.

En este contexto de crisis ambiental y social, ciento noventa y tres países reunidos en la Asamblea General de Naciones Unidas adoptaron en septiembre de 2015 los Objetivos de Desarrollo Sostenible (ODS) con la premisa fundamental de *"no dejar a nadie atrás"*. Los 17 Objetivos y 169 metas de la agenda 2030 intensificarán los esfuerzos para poner fin a la pobreza en todas sus formas y reducir la desigualdad, de la mano de estrategias que favorezcan el crecimiento económico y aborden una serie de necesidades sociales, a la vez que promueven la protección del medio ambiente. Este libro, pretende acercar al lector a este nuevo proceso en

---

[1] En esta nueva versión del texto: 1) se resolvieron errores de edición; 2) se actualizaron algunas estadísticas y gráficos; 3) Se revisó la funcionalidad de los links para acceder a la bibliografía; 4) Se incorporaron referencias a nuevas temáticas como la energía nuclear y el uso de CRISPR y la genética dirigida; y 5) Se profundizó la información de los capítulos sobre las TIC y la tecnología satelital que van a ser desarrolladas con mucho mayor detalle en una nueva publicación en que me encuentro trabajando.

marcha, a la par de introducir las problemáticas que afectan diariamente a millones de personas a lo largo y ancho del planeta.

Si le pidieran que hiciera una lista de los principales retos que enfrenta la humanidad, probablemente usted incluiría el terminar con las guerras, la pobreza y el hambre, pero difícilmente vislumbraría como problemáticas la defecación al aire libre, la mutilación de genitales femeninos o la vida sin acceso a la electricidad, siendo que aún hoy aquejan de manera notable la vida de muchos habitantes de nuestro planeta.

El hecho de que habitualmente nos juntemos con personas de nuestro mismo nivel socioeconómico, que además suelen pensar como nosotros y compartir muchas de nuestras prácticas, nos lleva a concebir una visión del mundo limitada y sesgada a las realidades del reducido grupo de conocidos, amigos o familiares con los que interactuamos.

Aquí se propone al lector abandonar momentáneamente esa pequeña "matrix[2]" en que transcurre su vida y atreverse a emprender un viaje imaginario a través de la diversidad de situaciones sociales, económicas y ambientales que coexisten en el planeta. Tenemos el incentivo de realizar este viaje a través de la mirada esperanzadora de un proceso global que, a través del cumplimiento de 17 Objetivos, aspira a lograr un mundo mejor que el que tenemos hoy.

Las temáticas aquí desarrolladas, involucran aspectos que tradicionalmente se encuadran bajo el concepto de desarrollo sostenible. En un esfuerzo por salir del formato clásico de manual de estudio con el que se suele introducir el tema en el ámbito académico, el libro adopta un estilo de *"novela de no-ficción"*, en el cual se conjugan datos reales con pasajes de ficción. Al respecto, se describe la tarea de un hipotético diplomático de las Naciones Unidas que participa activamente del proceso de gestación de los Objetivos asistiendo a reuniones con representantes de diferentes organismos internacionales que fueron claves en la construcción de los mismos y elaborando informes para los funcionarios

---

[2] En alusión a la película donde las personas viven un mundo simulado que los mantiene alejados de la realidad.

de las Naciones Unidas que lideraron el proceso. A lo largo de los diferentes capítulos se entremezclan los conceptos teóricos y prácticos, del desarrollo sostenible, con las vivencias personales de este diplomático. Estas últimas, tienen la intención de dar conectividad al relato y hacer más fluida la lectura. Vale remarcar que tanto los organismos referenciados en el texto, así como las metodologías, indicadores y estadísticas[3] presentadas son fidedignas y surgen en su mayor parte de informes oficiales de diferentes órganos de las Naciones Unidas que son referenciados en la bibliografía. De manera análoga, las posturas de los países, sobre los temas que se describen en el libro, corresponden a posiciones reales que han defendido en distintos ámbitos de la negociación internacional, especialmente en el marco de la Convención de Naciones Unidas sobre el Cambio Climático.

La extensión y profundidad de los contenidos en el libro surgieron producto de la búsqueda de un equilibrio, entre, no abrumar al lector con un exceso innecesario de datos ni caer en una sobre simplificación de los temas que los aleje de la realidad que se pretende presentar. El primer capítulo describe antecedentes de reuniones internacionales que contribuyeron a dar forma al concepto de desarrollo sostenible y que trascienden, en el capítulo 12, en la adopción de los ODS. El capítulo 2 se refiere a cuestiones demográficas, mientras que del 3 al 11 se desarrollan una selección de metas[4] y objetivos que son parte del proceso. Como toda selección está supeditada al criterio del autor y por ende podría ser considerada por otros como incompleta o sesgada. En este punto, vale aclarar que en el contexto de las tres dimensiones que usualmente se atribuyen al concepto de desarrollo sostenible, es decir, la económica, la social y la ambiental, el libro tiene un cierto sesgo hacia esta última y en particular en lo que se refiere a la problemática del cambio climático. Este hecho, obedece al perfil académico y la experiencia profesional del autor.

------

[3] Las cifras estadísticas que presenta el libro surgen, entre otras de la página oficial de las Naciones Unidas para los ODS: http://www.un.org/sustainabledevelopment/es/
[4] La redacción formal de las mismas, de acuerdo al documento oficial de los ODS, queda reflejada en notas al pie a lo largo de todo el libro.

El capítulo 13, esperemos no de mala suerte, describe una selección de aplicaciones tecnológicas en diversas ramas incluyendo la biotecnología, la nanotecnología, las energías renovables y las TIC, que potencialmente pueden contribuir a dar solución a algunas de las cuestiones descritas en los capítulos previos pero que al mismo tiempo, si no se implementan de manera apropiada, pueden derivar en la generación de nuevas problemáticas. Por otro lado, el capítulo 14 desarrolla el concepto de consumo sostenible destacando su importancia en el contexto de un mundo en donde los recursos son cada vez más limitados.

A lo largo del libro el lector también encontrará metodologías, acompañadas de ejemplos numéricos simples, para la medición de indicadores en una diversidad de problemáticas, incluyendo, la pobreza, la desigualdad, el crecimiento económico, el hambre, el desempleo, el estrés hídrico y las emisiones de gases efecto invernadero.

Finalmente, vale remarcar que el éxito de los ODS dependerá del trabajo de diversos actores, incluyendo políticos, empresarios, científicos y tecnólogos de distintas ramas, con diferentes lenguajes y visiones de la realidad. Sea entonces esta publicación una humilde contribución en pos de lograr articular un trabajo multidisciplinario que nos permita transitar el camino hacia un desarrollo sostenible.

Construir un mundo mejor es el mayor desafío de la humanidad. Lo que sigue es la historia de cómo los ODS pueden ayudarnos a conseguirlo.

1. Historia del desarrollo sostenible

Esa mañana leía en el diario un artículo sobre la "teoría de los seis grados" que en su formulación original, a principios del siglo XX, postulaba que una persona puede conectarse con cualquier otra del planeta a través de una cadena de conocidos que en promedio no tiene más de cinco intermediarios (conectando a ambas personas con sólo seis enlaces). El autor de la nota, resaltaba que recientemente un equipo de científicos de la compañía Facebook había determinado que en lo que respecta a su red social la separación hoy en día resultaba aún menor, aproximadamente un promedio de 3,5 personas entre dos usuarios cualquiera de la red, y que este número disminuía año a año conforme aumentaba la cantidad de usuarios.

No era precisamente un ferviente seguidor del Facebook, de hecho hacía más de un año que no ingresaba a mi perfil. Bastante me costaba ya encontrar tiempo para seguir la vida de la gente que tenía cerca como para ocuparme de lo que le ocurría a personas con las que había perdido contacto hace años. Es más, me asustaba pensar en la posibilidad de volver a estar en contacto con algunos de ellos, con lo cual esto de reducir los grados, facilitando la posibilidad de un reencuentro francamente comenzaba a inquietarme en el momento en que mi teléfono sonó. Del otro lado, la asistente del Secretario General de las Naciones Unidas, me informaba que había sido seleccionado para el puesto de asesor especial para los Objetivos de Desarrollo Sostenible y que el Secretario me esperaba esa misma tarde para comunicármelo oficialmente en su despacho. Tras colgar, una catarata de pensamientos inundó mi cabeza. De entre todos, prevaleció el recuerdo de mi abuelo y sus historias sobre los orígenes del ambientalismo durante las reuniones de Estocolmo en 1972. Mi abuelo, que en aquella época era embajador especial de asuntos ambientales de su país, había viajado a la Conferencia Mundial sobre el Medio Humano de la ONU en Estocolmo, Suecia. La misma, era el primer intento de conciliar los objetivos tradicionales del desarrollo con la protección de la naturaleza y marcó un punto de inflexión en el desarrollo de la política internacional del medio ambiente.

El evento se daba en el marco de un mundo caracterizado por fuertes desigualdades y por intereses en conflicto. Los diferentes grados de desarrollo suponían que los problemas ambientales que preocupaban estuvieran más presentes en unos países que en otros, y qué en el contexto de las diferentes situaciones económico-sociales, se les asignara diferente importancia. El énfasis de la Conferencia de Estocolmo estaba dado por los países desarrollados y estaba puesto en los problemas de contaminación causados por la acelerada industrialización y urbanización, y en el agotamiento de los recursos naturales, el que adjudicaban al crecimiento poblacional. Las soluciones que se postulaban, además de la aplicación de las denominadas *tecnologías limpias*, incluían la necesidad de limitar el crecimiento poblacional y económico. Dado que en los países en desarrollo se concentraba la mayor parte de la población mundial y se presentaban los mayores índices de natalidad, a la vez que sufrían la falta de desarrollo económico, era totalmente lógico que reaccionaran con recelo y hasta con cierta hostilidad a este planteo, que venía a ejercer una presión más, con finalidades que los podían perjudicar.

Mi abuelo, que en ese momento coordinaba la posición del grupo mayoritario de países en desarrollo, me contaba que en un principio estos países se resistían a involucrarse en la cuestión, argumentando que los problemas ambientales en torno a los cuales se convocaba la reunión eran de los países ricos, derivados de sus excesos de producción y consumo, y que si allí se consideraban problemas, era porque ya se habían desarrollado y disfrutaban de buenos niveles de vida. Entendían que el verdadero problema que había que atender de inmediato era que dos tercios de la humanidad estaban dominados por la pobreza, malnutrición, enfermedades y miseria, y que eso pasaba por priorizar el desarrollo, de donde la filosofía del *"no crecimiento"* era absolutamente inaceptable. Además, solicitaban que se reconociera que su problema ambiental principal era la pobreza, lo que derivó después en que el concepto de "ambiente" pasara a incluir no sólo las cuestiones estrictamente ecológicas, sino también las sociales.

Recapitulando, resultaba claro que la visión predominante en la formulación inicial de la crisis ambiental era la de entender el problema como generado por la presión poblacional sobre recursos limitados de donde la propuesta central era la de restringir el uso de los mismos deteniendo el crecimiento económico y poblacional, propuesta que se sintetizaba en la consigna de "crecimiento cero". Se planteaba una contradicción absoluta entre sociedad y naturaleza, entre economía y ecología, entre crecimiento y conservación.

Afortunadamente, la Declaración de Estocolmo no hizo eco de la apelación al crecimiento cero y por el contrario, especificó que el *crecimiento era necesario para el logro de mejores condiciones de vida para todos*[5].

Un nuevo ring de mi teléfono me transportó nuevamente al presente. Era mi mujer que me reclamaba no haber salido aún a buscar a mis hijos. No le dije nada de la buena nueva, prefería hacerlo personalmente durante la noche, después de todo, el motivo de mi alegría bien valía la pena ser compartido en la cena a la par de un brindis con mi familia que tanto me había apoyado para lograr acceder a mi nuevo puesto. Tomé la billetera y me dirigí a la cochera. Mientras manejaba camino a la escuela de mis hijos pasé por la puerta de la sede principal de las Naciones Unidas y no puede evitar estremecerme al ver las banderas de todos esos países a los que ahora debía servir en mi nueva función. La complejidad inherente a lograr un acuerdo entre naciones con realidades e intereses tan variados claramente no sería una tarea sencilla. Por otro lado, la oportunidad de continuar un camino que de alguna manera había iniciado años atrás mi abuelo, me llenaba de orgullo. Fue él quien me inspiro a seguir la carrera diplomática que después derivo en un cargo permanente en la sede principal de las Naciones Unidas en Nueva York.

---

[5] Principio 11 de la Declaración de Estocolmo.

Recuerdo que mi abuelo contaba que durante los años siguientes a la Conferencia de Estocolmo continuó participando activamente de todas las reuniones que se convocaban en torno a la temática. Para su preocupación, los problemas ambientales se acentuaron, así como también, la brecha económica entre países pobres y ricos. En este nuevo escenario las crecientes consecuencias de la contaminación pusieron en evidencia que la manifestación de los problemas ambientales había alcanzado la escala planetaria. Los procesos como la deforestación, la pérdida de la biodiversidad, la contaminación y sus consecuencias en el clima, comenzaron a instalar la idea de que el planeta era una unidad. Este concepto, que hoy denominamos *"cambio global"*, implicaba reconocer que los impactos de ciertos procesos, sin importar dónde se producían, terminaban comprometiendo a la totalidad del planeta.

Llegado 1987 Harlem Brundtland, por entonces primera ministra de Noruega, convocó a un grupo selecto de diplomáticos, incluyendo a mi abuelo, para participar de una comisión en el marco de las Naciones Unidas que derivó en la elaboración de un informe que llevó por tituló *"Nuestro Futuro Común"*. El mismo, partía de la idea central de que desarrollo y medio ambiente no podían ser separados y estaban inevitablemente interconectados. El medio ambiente no podía ser protegido si el crecimiento no tomaba en cuenta las consecuencias de la destrucción ambiental. El informe Brundtland, como se lo llamó informalmente, invertiría la formulación clásica del problema que veía el desarrollo como causa del deterioro ambiental, argumentando que había que preocuparse por evitar que ese deterioro limitara el desarrollo. La apelación al desarrollo sostenible era un llamado a cambiar las estrategias aplicadas hasta el momento, tanto en materia de políticas de desarrollo, como ambientales. La humanidad podría ser capaz de volver sostenible el desarrollo, con el fin de lograr garantizar las necesidades del presente sin comprometer la capacidad de las generaciones futuras de atender también las suyas.

La frenada abrupta del auto que me precedía retrajo mi atención al embotellamiento en que me encontraba ahora detenido. Faltaban aún un par de cuadras para que llegara al colegio de mis hijos y a esa altura era un hecho consumado que llegaría tarde. Ya podía escuchar la vos de mi hija quejándose porque una vez más los había dejado esperando en la puerta.

Al llegar, Zoe y Jano estaban sentados en los escalones de la entrada. Cuando subieron al auto, como lo presagiaba, el reclamo principal vino de ella. Rápidamente intente desviar la atención hablándole sobre el artículo de los seis grados que había leído en la mañana y lo fabuloso que resultaba que solo cinco personas los separaran de cualquier otra del planeta. A pesar de ello mi intento fue en vano, ya que la queja no solo continuó, sino que además se sumó a ella otra por la promesa incumplida que les había hecho de llevarlos de vacaciones a Brasil. Automáticamente la referencia al fallido viaje trajo a mi mente las anécdotas que mi abuelo solía contar sobre su presencia allí, en el marco de la primera cumbre de la Tierra (Rio-92).

Eran los primeros días de junio de 1992 en Rio de Janeiro. Mi abuelo se había alojado en un hotel cercano a donde se desarrollaba el evento del que participaban más de cien jefes de estado. Había una gran expectativa de que algo importante ocurriría. Mi abuelo, tendría un rol clave contribuyendo a conciliar posiciones en las charlas informales que se daban en los pasillos y en las sesiones de trabajo que se multiplicaban conforme se acercaba el final de la Conferencia. Durante la cumbre, que resultó muy exitosa, se aprobaron cinco documentos principales incluyendo la *"Declaración de Río sobre el Medio Ambiente y el Desarrollo"* y los textos que darían origen a la Convenciones sobre biodiversidad y cambio climático.

Habría que esperar ocho años para que otro evento de importancia similar ocurriera. En septiembre del 2000 en la Sede de las Naciones Unidas en Nueva York, se desarrollaría la denominada *"Cumbre del Milenio"*. En esa oportunidad, mi abuelo no pudo estar presente. Su salud comenzaba a deteriorase y debió permanecer internado por un par de semanas. Durante la *"Cumbre del Milenio"* los líderes del mundo comprometieron a sus naciones a una nueva alianza mundial para reducir la pobreza extrema y establecieron una serie de metas con plazos concretos, con el 2015 como fecha límite, que se conocieron como los Objetivos de Desarrollo del Milenio (ODM). Los ocho objetivos adoptados en la cumbre fueron:

(1) Erradicar la pobreza extrema y el hambre;

(2) Lograr la enseñanza primaria universal;

(3) Promover la igualdad entre los géneros y el empoderamiento de la mujer;

(4) Reducir la mortalidad de los niños menores de 5 años;

(5) Mejorar la salud materna;

(6) Combatir el VIH/SIDA, la malaria y otras enfermedades;

(7) Garantizar la sostenibilidad del medio ambiente; y

(8) Fomentar una alianza mundial para el desarrollo.

La bocina del auto de atrás exigiendo que avanzara me recordó que mi hija seguía exponiendo su caso en la causa caratulada como *"hijos contra su padre por llegada tarde"* que ahora tenía además asociada otra, que yo pensaba ya cerrada *"hijos contra su padre por promesa incumplida de vacaciones en Brasil"*.

Por fin llegamos a casa y mientras preparaba el almuerzo para los tres miraba de reojo en la televisión una entrevista a un viejo funcionario de las Naciones Unidas que en ese momento relataba su experiencia en la segunda cumbre de la Tierra, que se llevara adelante en Sudáfrica en 2002. La única que tuve oportunidad de compartir con mi abuelo tras la cual haría efectivo su retiro. Ambos llegamos por separado a Johannesburgo. Yo desde Nueva York, en donde residía a partir de mi nombramiento en la Comisión sobre el Desarrollo Sostenible de las Naciones Unidas y él desde Buenos Aires, en calidad de jefe de delegación y negociador principal de la Argentina. La Cumbre, también conocida como *"Río+10"* incorporó a los objetivos de avanzar hacia un desarrollo sostenible, que había sido el tema central en Río92, los Objetivos del Desarrollo del Milenio, especialmente, la erradicación de la pobreza. De esta manera, a los temas históricos de diversidad biológica, cambio climático, recursos hídricos, desertificación, contaminación, energía y agricultura, se les agregaron con gran fuerza aspectos sociales relativos a la pobreza, salud y educación.

A los pocos meses de volver de Río+10 mi abuelo se jubiló. A pesar de que su estado de salud no era óptimo, su pasión por la temática siguió intacta hasta el final de su vida que lo encontró trabajando en un manuscrito sobre la historia del ambientalismo. La última página del mismo, se refería a la Cumbre de Río+20, la razón de la queja de mi hija a un viaje al que originalmente me acompañaría mi familia y que finalmente realicé solo.

El encuentro convocó a cincuenta mil participantes veinte años después de la primera Cumbre de la Tierra celebrada en Río en 1992. Durante esos días se podía ver la estatua del Cristo Redentor, símbolo de la ciudad, iluminado de verde en honor a los ambientalistas que habían venido desde todos los lugares del planeta para participar de las sesiones formales que se llevaban adelante en el centro de convenciones ubicado en la Barra da Tijuca, en el oeste de la ciudad. Otros tantos habían llegado también para participar de la Cumbre de los Pueblos, un evento organizado por la sociedad civil, que se desarrollaba en paralelo a la Conferencia de las Naciones Unidas sobre el Desarrollo Sustentable (Rio+20).

Durante la etapa preparatoria de la cumbre, el documento borrador que fue circulado tenía un punto central de controversia en la inclusión del concepto de "economía verde" como una de las herramientas necesarias para el logro del desarrollo sostenible. Para sus promotores[6] implicaba la posibilidad de lograr un crecimiento inclusivo acompañado por la reducción de las emisiones de carbono y la utilización de los recursos de forma eficiente. Para otros, la economía verde aparecía como el nuevo paradigma económico del discurso político dominante que apostaba por fortalecer la dimensión económica del desarrollo sostenible, lo cual implicaba limitar su enfoque integral. Adicionalmente, el *"enverdecimiento"* de ciertos sectores, requeriría de nuevas condiciones

---

[6] Como el Programa de Naciones Unidas para el Medioambiente, también conocido como ONU Ambiente.

favorables (políticas, jurídicas y económicas) que debían ser formuladas por los gobiernos con la finalidad de atraer las inversiones necesarias para la transición. Pero la creación de dichas condiciones implicaba llevar adelante una serie de reformas estructurales, que para algunos, como los trabajadores de las áreas consideradas *"no verdes"*, tenían implicancias cuando menos inciertas[7].

Tras un intenso debate, el documento de conclusiones de Río, titulado *"El futuro que queremos"*, termina promoviendo la economía verde en el contexto del desarrollo sostenible y la erradicación de la pobreza. Además, reconoce la importancia y utilidad de desarrollar un conjunto de Objetivos de Desarrollo Sostenible (ODS) que incorporen de forma equilibrada las tres dimensiones del desarrollo sostenible y sus interrelaciones. A tales efectos, el documento establece la creación de un Grupo de Trabajo Abierto sobre los Objetivos de Desarrollo Sostenible, compuesto por treinta representantes procedentes de los cinco grupos regionales de las Naciones Unidas.

Eran ya las cuatro de la tarde y necesitaba apurarme si quería llegar a tiempo a mi cita. Me vestí con un traje gris y corbata a tono, prometí a mis hijos volver con la pizza para la cena y me dirigí directamente a la sede las Naciones Unidas, localizada en Turtle Bay, Manhattan.

Mientras esperaba para entrar al despacho de Ban Ki-Moon observaba a través de un gran ventanal la vista privilegiada al tiempo que reflexionaba sobre las razones por las que habría sido seleccionado. Sabía que mi trabajo al lado de Jeffrey Sachs en los Objetivos de Desarrollo del Milenio y el rol destacado que había tenido en Rio+20 acercando posiciones que parecían irreconciliables habían potenciado mis posibilidades de ser elegido. No obstante, sospechaba que el recuerdo de mi abuelo fallecido, a quién el Secretario conoció muy bien cuando negociaban a la par, habría sido clave para inclinar la balanza a mi favor.

---

[7] Esta preocupación se materializa en el Acuerdo final en el concepto de "transición justa".

Cuando finalmente ingresé a la oficina principal del Secretario General de las Naciones Unidas lo encontré sentado en su escritorio escribiendo algo en su computadora. Levanto la vista, extendió con cordialidad su mano y me invitó a sentar en la única silla disponible justo enfrente de él. Sin demasiada introducción, me informó que me había elegido para integrar un equipo que tendría a su cargo lo que él consideraba sería el legado más importante que dejaría su gestión. Su mandato terminaba en 2016 y esperaba que a lo sumo en los tres años que tenía por delante se lograra un acuerdo global sobre los nuevos Objetivos de Desarrollo Sostenible que dieran continuidad y ampliaran el alcance del camino iniciado por los Objetivos de Desarrollo del Milenio (ODM) en el 2000. Si bien el proceso de los ODM tendría su fin en el 2015, por esas fechas ya había bastante información que demostraba claramente que a pesar de que se habían hecho enormes progresos, las diferencias entre países persistían y el avance había sido desigual. La pobreza continuaba concentrada predominantemente en algunas partes del mundo y el progreso había pasado por alto a una gran cantidad personas. Además, pocos países habían podido combinar su crecimiento económico con la reducción del impacto ambiental y el aumento de la degradación de la tierra, la sobrepesca, la deforestación, los eventos climáticos extremos y la contaminación del aire ponían en peligro los avances realizados. El Secretario resaltó que a diferencia de los ODM los nuevos Objetivos deberían comprometer a todos los países del mundo, los desarrollados y los que estaban en vías de desarrollo. Finalmente, me informó que trabajaría en estrecha relación con los co-facilitadores del Grupo de Trabajo Abierto sobre los Objetivos de Desarrollo Sostenible.

Para llevar adelante mi tarea, contaría con todo el apoyo de las divisiones y programas de las Naciones Unidas, así como con los recursos económicos y humanos que hicieran falta para cumplir con la misión. Antes de retirarme le pidió a su asistente que me alcanzara un documento con una serie de objetivos y metas a cumplir en el periodo 2015-2030. Me explicó que era un primer borrador surgido de una consulta interna con referentes que participaron del proceso previo de los ODM. Cuando se despidió, me expreso su confianza en que podría cumplir satisfactoriamente la tarea que me encomendada. Apenas llegué al ascensor abrí el documento y empecé a repasar uno a uno los objetivos propuestos. Mientras los leía pensaba en los millones de personas que podrían salir beneficiadas si el proceso que estaba iniciando resultaba exitoso.

Ya en casa y durante la cena comunique a mi esposa e hijos la novedad del día y juntos brindamos y festejamos por mi nuevo cargo, no sin antes recibir un ultimátum de mi hija anotíciándome que en caso en que tuviera que viajar a Brasil nuevamente la llevaría conmigo.

La sobremesa transcurrió hablando sobre una charla Ted[8] donde Per Stoknes, un psicólogo y político del Partido Verde noruego, describe las barreras principales que restringen la capacidad de los ciudadanos para comprometerse con acciones para combatir el cambio climático. Al respecto, el menciona que el enfoque hasta ahora se ha basado en suponer que la gente no actúa porque le falta suficiente información y pensar que si se la proporciona se logrará hacer el cambio buscado. En esa línea de pensamiento la provisión de información se ha centrado en resaltar las consecuencias negativas de los desastres naturales asociados al cambio climático, suponiendo que de esta manera se lograr alentar en mayor medida la acción. Para Stoknes este enfoque no es equivocado, pero si insuficiente. A pesar de que la información sobre los riesgos y soluciones climáticas existe, barreras psicológicas impiden que eso se materialice en acciones concretas de las personas. Por ejemplo, los impactos negativos del cambio climático a menudo suelen presentarse como si fueran muy distantes en el tiempo, cómo los objetivos del Acuerdo de París para el año 2100. En las soluciones que se proponen tampoco se destaca la importancia de las pequeñas acciones al alcance de cada ciudadano como un factor fundamental para lograr los grandes cambios que necesitamos. Con toda esta distancia, es psicológicamente

---

[8] En los eventos TED, los oradores son invitados a dar charlas inspiradoras en 18 minutos o menos. La charla de Per Stoknes está disponible en: https://citizensclimatelobby.org/es/usa-psicologia-para-mejor-comunicaciones-sobre-el-clima/

más fácil enfocarnos en las cosas cercanas como nuestras familias o carreras. Adicionalmente, el uso excesivo del marco de desastres para llamar la atención sobre la problemática también podría haber contribuido a la inacción, ya sea a través de un proceso de desensibilización de la población o por el contrario creando una sensación de desesperanza que deriva en una necesidad, tal vez no consiente, por ignorar el tema.

Después de casi dos horas de conversación ininterrumpida, me sorprendió encontrar a mis hijos todavía allí. Hacía tiempo que el retiro del último plato de la mesa era seguido prácticamente de inmediato por el encendido de sus celulares, cuyo uso habíamos prohibido durante las cenas. Pero aquella vez fue diferente.

Esa noche me costó conciliar el sueño. Al día siguiente tendría mi primera reunión de trabajo con una persona de la División de Población de las Naciones Unidas. Dos razones me llevaron a eso. La primera era que las proyecciones del crecimiento poblacional, así como los cambios esperados en las tasas de fecundidad, de mortalidad y en la estructura de edades de las poblaciones tendrían sin duda un efecto notable sobre muchas de las problemáticas que se querían abordar en los ODS. La segunda y más importante era que el jefe de la división, Joseph, era un amigo personal y quería aprovechar la oportunidad para compartir con él mi alegría por mi nueva ocupación.

2. La transición demográfica

Cuando llegue a la sala de reuniones, mi amigo ya me esperaba con la pizarra y un par de anotaciones en la misma. A lo largo de las tres horas que duró nuestra charla la borraría y re-escribiría varias veces acompañando las explicaciones que iba haciendo.

La población actual del planeta ronda los 7300 millones de habitantes, con cerca de dos tercios del total viviendo en Asia, principalmente en India y China. Si bien la población mundial continúa creciendo lo hace a un ritmo más lento de lo que lo hacía en el pasado y envejece a un ritmo sin precedentes. Este cambio ha sido en gran parte resultado del marcado descenso de la fecundidad.

Las proyecciones que tenemos en la División de Poblaciones de Naciones Unidas para el 2050 elevan el número actual a casi 9700 millones. Para esa fecha los cuatro países más poblados serán India, China, Nigeria y Estados Unidos. Es decir, en los próximos 35 años habrá más de dos mil millones de nuevas personas para alimentar, vestir, proveer de energía, educación, salud y todo eso debería estar en la brújula de las personas que están definiendo estos Objetivos de Desarrollo Sostenible[9]. Además, un 50% del crecimiento poblacional esperado se deberá al ímpetu demográfico[10]. La persistencia de la fecundidad por arriba del nivel de reemplazo[11] y la reducción en la tasa de mortalidad

---

[9] Otras dos tendencias demográficas con fuerte impacto en el desarrollo son: la urbanización y el envejecimiento poblacional. De las mismas también nos ocuparemos más adelante en este libro.

[10] Una fecundidad alta en el pasado conduce en el presente a una gran concentración de jóvenes en edad de procrear.

[11] La fecundidad de reemplazo es el nivel de fecundidad en el cual las mujeres dentro de la misma cohorte tienen precisamente suficientes hijas (en promedio) para reemplazarse dentro de la población.

contribuirán cada una con el 25% restante del incremento esperado.

Con respecto al último punto, le pedí si podía profundizar sobre los niveles y causas principales de la mortalidad a lo que el acotó eran diferentes según el nivel de desarrollo del país considerado.

De manera general la mortalidad en los países en desarrollo es mayor que en los países desarrollados. Existen diferencias también en cuanto a las causas y edades más frecuentes de las muertes.

En los países de ingresos altos, más de dos tercios de la población vive más allá de los 70 años y muere a causa de una enfermedad crónica: trastornos cardiovasculares, enfermedad pulmonar obstructiva crónica, cáncer, diabetes o demencia.

Por el contrario, en los países de ingresos bajos, menos de la cuarta parte de la población llega a los 70 años, y casi un tercio de las muertes se dan entre menores de 14 años. Aunque las enfermedades cardiovasculares en conjunto son la principal causa de defunción en estos países, las enfermedades infecciosas (sobre todo el VIH/SIDA, la infección de las vías respiratorias inferiores, la tuberculosis, las enfermedades diarreicas y el paludismo) tomadas conjuntamente provocan más víctimas mortales. Las complicaciones del embarazo y del parto siguen siendo una de las principales causas de defunción y sus víctimas son tanto bebés como madres.

La esperanza de vida en los países desarrollados (más de 70 años) es muy superior a la de los países menos desarrollados (menos de 50 años). Las personas viven más años en los países desarrollados, entre otras, debido al mayor acceso a la inmunización, a la atención primaria de la salud, y a los programas de erradicación de enfermedades.

Si bien, a esta altura de la reunión, tenía clara la utilidad de todos estos conceptos para el trabajo que estaba iniciando, las reflexiones finales de

Joseph sobre la *transición demográfica* de los países terminaron de confirmarlo.

La transición demográfica se refiere al cambio que experimentan las poblaciones de altas a bajas tasas de natalidad y mortalidad. Esto conlleva oportunidades y desafíos extraordinarios para la implementación de los ODS.

Muchos países desarrollados (por ejemplo, Japón) ya han concluido el proceso de transición demográfica con lo cual, a futuro, en conjunto para este grupo solo se espera un muy leve incremento de la población y sobre todo una continuidad en el envejecimiento de su pirámide poblacional. Gracias al mayor acceso a la educación y al empleo, las mujeres de estos países tenderán a formar sus familias a mayor edad y estarán teniendo menos hijos. Al desacelerarse el crecimiento, aumentará la edad promedio de la población y, con el tiempo, la proporción de personas de edad avanzada que no trabajan. Esto ejercerá gran presión sobre la población en edad de trabajar y sobre los sistemas de jubilación, atención de la salud y seguridad social. En consecuencia, para estos países resultará clave reformar los sistemas de protección social para lograr la sostenibilidad fiscal y al mismo tiempo lograr la mejor protección de los ancianos.

Para los países en desarrollo se esperan incrementos en el tamaño poblacional con respecto al presente. La transición demográfica empezó más tarde en estos países que en los anteriores y como consecuencia la estructura de edades es todavía relativamente joven. En este contexto, el ímpetu demográfico tendrá un efecto positivo en el crecimiento y solo la migración neta (mayor emigración) tendrá un leve efecto negativo sobre el mismo.

En el caso de los países menos desarrollados (como Nigeria), se prevé un incremento poblacional aún mayor que en el último caso, fundamentalmente debido a que la fecundidad está por arriba del nivel de reemplazo, tienen alta proporción de población joven y es posible reducir rápidamente la mortalidad. Como en los países en desarrollo la migración neta afectará negativamente al crecimiento de la población. El principal desafío para estos países será fortalecer la implementación de políticas de salud reproductiva con el objetivo de lograr bajar la tasa de fecundidad y consecuentemente la tasa de crecimiento poblacional. Se destaca como una problemática vigente el alto valor del coeficiente de dependencia infantil, en tanto una proporción considerable de la población tiene menos de 15 años, siendo demasiado joven como para trabajar y dependiente, consecuentemente de los que sí pueden hacerlo.

Agradecí a Joseph por la claridad de sus explicaciones y quedé en invitarlo en breve a cenar a casa. Camino al auto el beep de un llamado entrante en mi teléfono me detuvo, era de Naciones Unidas para informarme que me habían concertado una reunión con el Embajador de Kenia Macharia Kamau, co-facilitador del Grupo de Trabajo Abierto que tenía a su cargo la elaboración del primer borrador de los ODS. Kamau me esperaba en las oficinas de Naciones Unidas en Nairobi el jueves por la tarde. Sin darme tiempo a hacer alguna pregunta se me informó que ya habían coordinado con mi asistente la reserva de pasajes y hoteles y estaría partiendo hacia Kenia al mediodía del día siguiente.

Al volver a casa mi mujer no lucía para nada feliz con un viaje repentino que no estaba en nuestra agenda y podía potencialmente impedir mi presencia en un evento familiar muy esperado, las bodas de oro de mis suegros. La celebración de sus cincuenta años de casados se había transformado en una gran fiesta a la que yo no podía faltar. Le aseguré que estaría de vuelta para la noche del sábado y que las dos horas que tenía desde el aterrizaje hasta el inicio de la fiesta serían más que suficientes para prepararme y estar a tiempo en el salón para la cena. Cuando a la mañana siguiente mi vuelo partió demorado me cuestioné seriamente si realmente podría cumplir la promesa que le había hecho a mi esposa.

3. Pobreza

Al arribar a Nairobi el contraste de temperatura con Nueva York potenció el mal humor que ya tenía producto de la turbulencia en el vuelo. No me gustaba el calor y menos cuando tenía la necesidad imperiosa de ponerme ropa fresca y me acababa de enterar que mi maleta estaba extraviada. Después de un largo rato de quejas en todos los idiomas que conocía y una vez que me aseguraron que mi equipaje estaría en mi hotel en un par de horas, subí al auto oficial que me llevaría directamente a la sede de las Naciones Unidas en Nairobi. Al arribar, Kamau me recibió en la puerta y ambos nos dirigimos a su oficina donde esperaban otras tres personas. Ya cómodamente sentados y con un té helado de por medio iniciamos nuestra conversación. Fueron cuatro horas prácticamente sin intervalos. Las dos primeras, estuvieron a cargo de un reconocido académico local que expuso acerca de las problemáticas históricas que han llevado al África Subsahariana[12] a ser en el presente, la región con mayores necesidades en materia de desarrollo sostenible.

> *A lo largo de la historia, África ha transitado por una compleja historia de despojos coloniales que han forjado procesos internos caracterizados principalmente por conflictos, desigualdades y pobreza.*

> *En el siglo VII, al norte de África llegaron pueblos árabes y permanecieron en los países de la costa mediterránea. Más adelante, las principales potencias europeas se repartieron casi todos los países del continente en el siglo XVII. Algo sintomático a día de hoy es el hecho de que en todos los países de África se hablan lenguas no autóctonas, como el inglés, el francés, el español, el portugués o el holandés.*

---

[12] La región del África subsahariana comprende todos los países de África que no limitan con el Mediterráneo. Incluye un total de 49 países situados al sur del desierto del Sahara.

Además, el mapa de África resulta especialmente llamativo por las divisiones rectilíneas de muchas de sus fronteras que fueron trazadas geométricamente por los colonizadores para facilitar su división sin tener en cuenta las distintas culturas y etnias que conviven en el continente.

De todos los lugares del mundo en los que la violencia obliga cada día a huir a civiles inocentes, África es probablemente el continente más castigado. Al incesante número de conflictos armados que se alargan a lo largo de los años sin visos de terminar, se suma la pobreza de gran parte de sus estados, la subalimentación y la tasa de natalidad más altas del mundo.

Además, la región arrastra una carga de enfermedades única en el mundo. En los últimos años la enfermedad más notoria ha sido el VIH/SIDA, que ha provocado una catástrofe económica y social en toda la región. En algunos países africanos con altos índices del VIH, las tasas de infección de tuberculosis[13] se han cuadriplicado desde mitad del decenio de 1980, provocando una carga abrumadora en los programas actuales de lucha contra la enfermedad. África también padece numerosas enfermedades tropicales endémicas, especialmente las enfermedades transmitidas por vectores. Entre ellas, el paludismo (malaria) es de lejos la que causa más estragos.

Posteriormente, Machauri Kamau tomó la palabra para relatar lo acontecido en la primera reunión del Grupo de Trabajo Abierto donde, además de haber sido elegido junto con Csaba Kőrösi (Hungría) como cofacilitadores del grupo, se habían abocado a adoptar la agenda de trabajo para el 2013 y 2014 que incluía para ese año cinco sesiones más. La próxima sería el 17 de abril teniendo como tema principal la erradicación de la pobreza.

---

[13] Los pacientes infectados por el VIH tienen una probabilidad hasta 50 veces mayor de sufrir tuberculosis a lo largo de su vida, en comparación con los no infectados.

Para finalizar, acordamos trabajar estrechamente y me comprometí a elevarle con la mayor frecuencia posible informes con las principales conclusiones producto de las reuniones que iría manteniendo a lo largo del año.

Cuando llegue al hotel estaba exhausto, solo hubo tiempo de una breve ducha antes de desplomarme sobre la cama. Había decidido dedicar el día siguiente a incursionar en el mundo donde los problemas tenían nombre y apellido en una típica aldea africana situada a un par de horas de donde me encontraba. Al despertar, tras un fugaz desayuno salí del hotel en mi jeep alquilado para hacer uso pleno del kilometraje libre que había contratado. Maneje siguiendo las indicaciones que había recibido a través de caminos cada vez menos transitables en los que de a poco se iba perdiendo el rastro de la civilización a la par que la naturaleza virgen empezaba a dominar el paisaje. Cuando por fin divise mi destino final, estacione el jeep y decidí seguir a pie los cien metros que me separaban del conjunto de chozas hacia donde me dirigía. Conforme me acercaba un grupo de niños vino corriendo a recibirme. No entendí lo que me decían, hablaban en la lengua nativa del lugar, el suajili y con señas intenté explicar que quería hablar con sus padres. Mientras lo hacía un adulto ya se dirigía a mi encuentro. Afortunadamente, Tafari, la persona que me recibió, hablaba inglés perfectamente. Cuando se dio cuenta que no era la persona de "médicos sin fronteras"[14] a la que llevaban semanas esperando, note la desilusión en su cara pero aún así me invito a que lo acompañara. Camino a su choza pasamos al lado de lo que parecía ser un viejo generador diesel que supuse proveería al lugar de electricidad. Después me enteraría de su poca confiabilidad y lo acostumbrada que estaba esta gente a vivir prácticamente en la ausencia de energía eléctrica.

Tafari, resulto ser el líder la Aldea. La misma estaba compuesta por un grupo de chozas de tierra seca en el medio de una Sabana entremezclada

---

[14] Una organización médico-humanitaria internacional que ayuda a poblaciones en situación precaria y a víctimas de catástrofes de origen natural o humano y de conflictos armados.

con plantaciones, pequeñas huertas y unos pocos rebaños de cabras. La actividad económica principal en la zona giraba alrededor de la venta del aceite y los subproductos que obtenían de las plantaciones de palma. Tafari, coordinaba la venta de todo lo que se producía, que no era mucho, en el mercado local que distaba unos kilómetros de la aldea. Su choza era de las más grandes y a diferencia de la mayoría tenía un techo de zinc, uno de los signos de riqueza más envidiados por los lugareños, ya que tenía la ventaja de resistir a las tormentas y sobre todo evitaba el trabajo periódico de refacción de la cubierta de palma que era la norma corriente. Ya instalados en su interior, pude ver que estaba formada por un gran aposento dividido por un tabique de tierra. A un lado se encontraba la alcoba, con dos camas de bambú y un baúl de madera; una lámpara de querosén y varias velas dispersas en cada esquina confirmaron que la electricidad era un bien de lujo que no abundaba por aquellos lugares. Al otro lado del tabique de tierra se hallaba la cocina de paredes pintadas de caolín hasta la mitad y ennegrecidas por el humo. En una esquina una gran cantidad de leña apilada que utilizaban para cocinar. Tafari me contaría después que desde que los bosques que en el pasado rodeaban al pueblo fueron remplazados paulatinamente por las plantaciones de palma aceitera, las mujeres de la casa recorrían cada vez mayores distancias para recolectar la leña.

La vivienda de Tafari, al igual que las del resto en la aldea, no tenía letrina y por lo que pude averiguar, todos defecaban[15] a las orillas de una pequeña laguna a unos pocos metros del grupo de chozas. En el pasado esta era la fuente de agua para las familias, pero desde la creciente aparición de casos de diarrea en niños se había prohibido su utilización. Incluso según me comentaron, el año anterior había llegado hasta allí un camión hospital con médicos que venían de la ciudad y habían determinado que el agua no era potable por el alto contenido de materia fecal. El mismo grupo de médicos le había informado a Tafari que tres de

---

[15] Meta 6.2: Para 2030, lograr el acceso equitativo a servicios de saneamiento e higiene adecuados para todos y poner fin a la defecación al aire libre, prestando especial atención a las necesidades de las mujeres y las niñas y las personas en situaciones vulnerables.

sus hijos estaban severamente desnutridos y sufrían de *insuficiencia ponderal*, es decir, tras medirlos y contrastar los resultados con tablas de altura estandarizadas de la Organización Mundial para la Salud (OMS), encontraron que tres de ellos estaban por debajo de la altura promedio para una persona saludable de esa edad. Este diagnóstico se había repetido en otros chicos de la aldea. La recomendación que los médicos daban a los padres coincidía en la derivación a contactar una oficina de gobierno con el objeto de ingresar en un programa de ayuda alimentaria. Una de las niñas además había sido diagnosticada con Malaria por lo que se le inició un tratamiento en base a Artemisinina[16] y una indicación para el uso de mosquiteros impregnados con insecticida. Esto último fue una recomendación para toda la aldea en tanto el hecho de que hubiera un caso de malaria podía significar que el mosquito que la transmitía había llegado a la zona. Eso llamo mi atención, porque sabía que la presencia del vector de la malaria, es decir, mosquitos del género *Anopheles*, era común en regiones más al norte, pero no allí. Pensé que quizás el cambio climático podría haber estado relacionado con la extensión de la distribución del insecto hacia el sur.

Tafari tenía ya cinco hijos y su esposa, Sannet, esperaba uno más próximamente. Justamente el médico, con el que me había confundido, esperaba pudiera darle más precisiones de la fecha probable de parto. En la aldea, resultaba frecuente dar a luz en la propia choza con la ayuda de matronas. No siempre las cosas salían bien y la posibilidad de morir en el parto no era algo extraño por aquellos lugares. Tan solo una mínima parte de las mujeres del poblado tenían la posibilidad de dar a luz en la salita sanitaria más cercana, ubicada a treinta kilómetros del lugar. Además, las mujeres calculaban con poca exactitud el tiempo del embarazo con lo cual resultaba difícil planificarlo.

---

[16] La Cloroquina fue el primer tratamiento de elección para el paludismo. No obstante, dado que algunas especies transmisoras de la enfermedad, como P. falciparum han desarrollado una alta resistencia a éste medicamento, se recomienda, en el presente, su uso en conjunto con la Artemisinina. Entre las medidas preventivas se recomienda el uso de mosquiteros impregnados con insecticida para disminuir el riesgo de las picaduras de los mosquitos infectados.

Sannet, a pesar de su avanzado embarazo seguía con su rutina habitual. Ayudaba a su marido a cultivar mandioca y legumbres en la pequeña huerta que poseían, alimentaba un par de cabras, preparaba la comida, limpiaba la vivienda familiar y atendía a sus cinco hijos. Ninguna de estas ocupaciones era tan agotadora como la búsqueda diaria del agua. Acompañada de sus hijas de nueve y once años de edad caminaban al menos dos veces al día cerca de un kilómetro hacia el pozo de agua más cercano. En el pasado solían llenar pesadas vasijas que transportan sobre sus cabezas durante el regreso a su hogar. Todo se hizo más fácil con la llegada del "hipopótamo", un envase de plástico ultrarresistente que se podía llenar de agua y llevar rodando por el suelo. Era el agua que utilizan en el día para beber, cocinar e higienizarse.

Con respecto a la educación, la única escuela primaria en la zona estaba a una hora de camino a pie. Todas las mañanas durante dos años el hijo mayor de Tafari había recorrido ese trayecto, hecho que no resultaba simple si se considera que muchas veces iba sin desayunar e incluso cenar la noche anterior. Hacía reiteradas paradas y a veces se quedaba dormido en el camino. La escuela era un lugar a donde se iba a escuchar ya que no se podía apuntar nada sin bolígrafo ni libreta. A pesar de su esfuerzo, no pudo avanzar mucho, le costaba prestar atención a las clases y retener lo que el maestro intentaba enseñarle. A la larga terminó abandonando[17] para ir a trabajar con su papá a la plantación. Al igual que el resto de su familia, nunca aprendió a leer y escribir[18].

Empezaba a oscurecer y sabía que el camino de vuelta a mi hotel era largo así que me despedí de Tafari y su familia agradeciéndoles y asegurándoles que esperaba que el trabajo que estaba en marcha en pos de adoptar los ODS contribuyera a mejorar sus vidas. Note en sus miradas que no tenían

---

[17] Meta 4.5: De aquí a 2030, eliminar las disparidades de género en la educación y asegurar el acceso igualitario a todos los niveles de la enseñanza y la formación profesional para las personas vulnerables, incluidas las personas con discapacidad, los pueblos indígenas y los niños en situaciones de vulnerabilidad.
[18] Meta 4.6: De aquí a 2030, asegurar que todos los jóvenes y una proporción considerable de los adultos, tanto hombres como mujeres, estén alfabetizados y tengan nociones elementales de aritmética.

idea de lo que les hablaba y que mis esfuerzos por explicarles la importancia de este proceso para su futuro habrían sido infructuosos. No los culpaba, no conocían otra realidad que la pobreza extrema en que transcurrían sus vidas.

Llegué al hotel con el tiempo justo para hacer la valija y tomar un baño antes de partir hacia el aeropuerto. Incluyendo la escala en Londres, tendría veinte horas de viaje por delante, suficiente tiempo para pasar en limpio mis apuntes y elaborar mi primer informe.

Ya cómodamente sentado en mí butaca de primera clase, saque mi laptop, revise un par de archivos y empecé a escribir

> *La falta casi completa de electricidad y gas en que vivía esa gente afectaba sus capacidades de desarrollo de manera evidente.*
>
> *La pobreza energética afecta la salud y la economía de las personas que la sufren. La combustión ineficiente de biomasa en hogares provoca enfermedades respiratorias que dan lugar a millones de muertes al año, más que la malaria y la tuberculosis. Por su parte, desde el punto de vista económico, muchas personas pobres destinan una proporción considerable de sus ingresos para acceder a la energía, lo que les resta recursos para otras necesidades. Además, la pobreza energética afecta más intensamente a las mujeres, entre otras debido a que ellas suelen encargarse de la preparación de alimentos, por lo que son afectadas en mayor medida por la mala combustión en el interior de las viviendas y además porque suelen encargarse de la recogida de biomasa, lo que les resta tiempo para realizar otras tareas.*
>
> *El acceso a los servicios energéticos modernos constituye un instrumento fundamental para que la población de menores recursos pueda adquirir mayor poder, contribuyendo así a la equidad. Por ejemplo, contar con energía moderna potencia el desarrollo agrícola, un factor clave para la mitigación de la*

pobreza en zonas rurales. El acceso a la energía permite que los productos agrícolas puedan procesarse y venderse a mejores precios en los centros urbanos. De esta manera, los hogares se benefician con la incorporación de valor agregado y al mismo tiempo se contribuye a reducir el éxodo rural.

Continué escribiendo,

Para las mujeres, el fin esencial del matrimonio parecía ser tener hijos, de los cuales frecuentemente moría alguno en el momento del nacimiento o a los pocos meses de vida. Las campañas de planificación familiar[19] definitivamente no estaban llegando allí.

La mayor fecundidad entre los sectores más pobres de la sociedad tiene origen en una multiplicidad de factores incluyendo en algunos casos una preferencia por formar familias numerosas y en otros la imposibilidad de acceder a medios de anticoncepción adecuados. Con respecto a la primera alternativa algunos sociólogos afirman que los pobres conciben la maternidad como una fuente de poder, porque además de otorgarles sentido a sus vidas, las habilita para un cambio de estatus importante frente a la comunidad. Los hijos se convierten en elementos clave a partir de los cuales se define esta identidad, ya que el rol maternal les brinda recompensas y gratificaciones que no encuentran en otros ámbitos de sus vidas. Por otro lado, en las familias campesinas, la lógica de la reproducción a veces se relaciona con la inversión en un gran número de miembros del grupo que garantice el mantenimiento de la mano de obra.

No existe duda alguna de que la libertad para decidir el tamaño de la propia familia es un derecho reproductivo fundamental. La Organización Mundial de la Salud considera que la salud

---

[19] Meta 3.7: Para 2030, garantizar el acceso universal a los servicios de salud sexual y reproductiva, incluidos los de planificación de la familia, información y educación, y la integración de la salud reproductiva en las estrategias y los programas nacionales.

reproductiva implica que las personas puedan tener una vida sexual satisfactoria y segura, la capacidad de tener hijos y la libertad de decidir si quieren tenerlos, cuándo y con qué frecuencia. En ese sentido, afirma que los hombres y mujeres tienen derecho a estar informados y tener acceso a métodos de regulación de la fertilidad de su preferencia, y el derecho a acceder a servicios de salud adecuados para que la mujer lleve a término su embarazo y dé a luz de forma segura. El Estado debe proporcionar los medios para que este derecho fundamental se cumpla.

Luego completé,

África subsahariana cuenta con la tasa de mortalidad infantil[20] más alta, padeciendo la mitad de la carga a nivel mundial de las muertes en menores de 5 años. El primer día, la primera semana y el primer mes de vida son los más críticos para la supervivencia de los niños. De los casi seis millones que morirán antes de su quinto cumpleaños, aproximadamente un millón respirarán por primera y última vez el día de su nacimiento, dos millones morirán en la primera semana y casi tres durante sus primeros 28 días de vida (el período neonatal). La mayoría de las muertes neonatales son causadas por complicaciones de partos prematuros, durante el trabajo de parto o en el parto propiamente dicho. En África subsahariana y Asia meridional, muchas de estas muertes también se deben a enfermedades infecciosas prevenibles.

La situación para las madres no era mucho mejor,

Cada día cientos de mujeres mueren durante el embarazo o debido a complicaciones del parto. La tasa de mortalidad materna[21]

---

[20] Meta 3.2: Para 2030, poner fin a las muertes evitables de recién nacidos y de niños menores de 5 años, logrando que todos los países intenten reducir la mortalidad neonatal al menos hasta 12 por cada 1.000 nacidos vivos, y la mortalidad de niños menores de 5 años al menos hasta 25 por cada 1.000 nacidos vivos

en las regiones en desarrollo es 14 veces mayor que en las regiones desarrolladas. Las muertes maternas se concentran en África subsahariana y Asia meridional, los que en 2013 sumaron el 86% de estas muertes a nivel mundial. Las hemorragias fueron la causa del mayor número de muertes maternas. Otras complicaciones principales incluyen infecciones, presión arterial alta durante el embarazo, complicaciones en el parto y abortos en condiciones de riesgo.

Dormité por un rato y al despertar continué escribiendo,

La defecación al aire libre perpetúa un círculo vicioso de enfermedad y pobreza. Los países en que la defecación al aire libre está más extendida registran el mayor número de muertes de niños menores de cinco años, así como los niveles más altos de malnutrición y pobreza. El 13% de la población mundial defeca al aire, por ejemplo, en alcantarillas, detrás de arbustos o en masas abiertas de agua. En la India, casi la mitad de la población defeca al aire libre, sin ningún tipo de letrina.

Al menos 1.800 millones de personas en el mundo utilizan una fuente de agua potable que está contaminada con materia fecal. Cada día, una mezcla de deficiencias en la calidad del saneamiento, el agua y la higiene mata a una gran cantidad de niños menores de 5 años debido a enfermedades como la diarrea y el cólera.

Un par de minutos de turbulencia me hicieron abandonar el trabajo por un rato. Hasta que el avión nuevamente se estabilizó tuve tiempo para reflexionar sobre una imagen que persistía en mi mente, el aspecto esquelético de los chicos de la aldea. Nuevamente acudí a un archivo, esta vez de la Organización de las Naciones Unidas para la Alimentación (FAO) y escribí,

---

[21] Meta 3.1: Para 2030, reducir la tasa mundial de mortalidad materna a menos de 70 por cada 100.000 nacidos vivos.

Se considera que los niños que presentan un desarrollo inferior a los parámetros antropométricos utilizados para medir el crecimiento humano sufren deficiencias nutricionales[22]. La antropometría se define como la medición del tamaño, proporciones y composición del cuerpo humano. Las dos medidas más habituales son la emaciación (bajo peso para la talla) y la insuficiencia ponderal (estatura demasiado baja para la edad). En el mundo, 1 de cada 7 niños menores de 5 años no tiene una altura adecuada para su edad. La nutrición deficiente provoca casi la mitad de las muertes de niños menores de cinco años.

En mis notas restaban dos palabras clave por desarrollar: educación y malaria. Tras una nueva búsqueda en mi computadora escribí,

En el mundo, se estima que más de cien millones de jóvenes no tienen un nivel mínimo de alfabetización, aunque hay un margen de incertidumbre al respecto ya que no todos los países incluyen en sus censos preguntas específicas para evaluar esto. En los lugares donde no se incluyen preguntas al respecto, se utiliza el nivel de instrucción de una persona, es decir, años de escolarización terminados, para evaluar el estado de alfabetización.

Incluso cuando los niños consiguen ir a la escuela, el hambre transitoria puede afectar a su capacidad de atención, dificultándoles el aprendizaje. Diversos estudios han puesto de manifiesto que los niños que no desayunan tienen más dificultades para realizar tareas visuales sencillas y se centran más en información secundaria sin importancia para el problema que deben resolver. En el mundo en desarrollo, 66 millones de niños en

---

[22] Para 2030, poner fin a todas las formas de malnutrición, incluso logrando, a más tardar en 2025, las metas convenidas internacionalmente sobre el retraso del crecimiento y la emaciación de los niños menores de 5 años, y abordar las necesidades de nutrición de las adolescentes, las mujeres embarazadas y lactantes y las personas de edad.

edad de asistir a la escuela primaria acuden a clase hambrientos, 23 millones de ellos solo en África.

Para finalizar complete el informe con un párrafo sobre la malaria,

Los vectores son organismos vivos que pueden transmitir enfermedades infecciosas entre personas, o de animales a personas. Muchos de esos vectores son insectos hematófagos que ingieren los microorganismos patógenos junto con la sangre de un portador infectado, y posteriormente los inoculan a un nuevo portador al ingerir su sangre. Los mosquitos son los vectores de enfermedades mejor conocidos. En todo el mundo se registran cada año más de mil millones de casos y más de un millón de defunciones como consecuencia de enfermedades transmitidas por vectores, tales como la malaria, el dengue y la enfermedad de Chagas.

El paludismo o malaria es una enfermedad provocada por el Plasmodium, un parásito unicelular, que se transmite a través de la picadura de mosquitos infectados hembra del género Anopheles. Debido al clima, que es muy agradable para los mosquitos que la transmiten, la malaria es típica de las regiones tropicales y subtropicales, como partes de América, Asia y África. La variación en las condiciones climáticas, como la temperatura, los patrones de lluvia y la humedad, tiene un efecto profundo en la longevidad del mosquito y en el desarrollo de los parásitos de la malaria en su interior y, en consecuencia, en la transmisión de la enfermedad.

La temperatura mundial ha aumentado significativamente en los últimos 100 años y esto conjuntamente con otros factores ambientales y sociales como la dinámica demográfica, la resistencia a los medicamentos, la resistencia a los insecticidas y la deforestación, podría estar ampliando la distribución geográfica de vectores causantes de enfermedades. Algunas, como el dengue y la fiebre chikungunya están apareciendo en países en los que hasta hace poco eran desconocidas.

Mientras guardaba la versión final del informe vino a mi mente el titular de un artículo vinculado con la malaria cuya lectura tenía pendiente. Abrí la carpeta respectiva y un archivo que llevaba por nombre *"Mosquitos sanadores: una aplicación más de CRISPR y la genética dirigida"*. El artículo comenzaba haciendo un poco de historia. Una que tenía su primer capítulo en el descubrimiento del sistema CRISPR/Cas9 por el que Jennifer Doudna y Emmanuelle Charpentier recibieron el premio nobel de química del 2020.

El sistema CRISPR/Cas9 permite editar genes de manera precisa, fácil y rápida. Las siglas de la primera palabra provienen de "Clustered Regularly Interspaced Short Palindromic Repeats". La segunda, es el nombre de una serie de proteínas, nucleasas, que tienen la capacidad de cortar el ADN en lugares específicos.

Pero vayamos por partes. Los genes, son segmentos del ADN que tienen información, escrita en un código de cuatro bases nitrogenadas (A, C, T y G), para fabricar fundamentalmente proteínas. Por otro lado, las proteínas controlan todas las reacciones químicas de las que depende la vida y constituyen las piezas claves del andamiaje y maquinaria celular. Es decir, las proteínas que posee un organismo, determinan como es y que puede hacer,   definiendo tanto su morfología como sus capacidades funcionales.

Ahora bien, mencionamos previamente que el sistema CRISPR/Cas9 permite editar la secuencia de letras de genes específicos en el ADN de un organismo. Pero, para que querríamos editar un gen? y eventualmente como lo haríamos?

Los investigadores editan genes de organismos con el objetivo de generar en ellos una nueva capacidad que sea de utilidad. Por ejemplo, la malaria es una enfermedad causado por parásitos del género Plasmodium que mata a carca de 400 mil personas al año de las cuales más de la mitad son niños menores. El Plasmodium llega a los humanos a través de la picadura de mosquitos hembra infectados del género Anopheles, los llamados vectores de la malaria. En un principio, la única alternativa para luchar contra esta enfermedad consistía en minimizar la probabilidad de ser picado, entre otras, durmiendo bajo mosquiteros tratados con insecticidas y fumigando los interiores de las casas. El descubrimiento de CRISPR/Cas9 tuvo como una de sus aplicaciones más importantes la posibilidad de insertar un gen en el mosquito Anopheles que le confería resistencia frente a la infección por el Plasmodium evitando de esta manera que pudiera transmitir la malaria.

Y allí viene la segunda pregunta como lo hicieron? Para que el gen que confería resistencia pudiera funcionar, debía insertarse en un lugar específico del ADN y eso es precisamente lo que CRISPR/Cas9 permite lograr. La herramienta que desarrollaron las científicas que recibieron el premio Nobel, permite identificar el tramo exacto que se pretende editar de entre los miles de millones de bases que tiene el ADN del mosquito, de manera análoga a como un detector de metales podría ubicar un aguja en el medio de la pajar.

Los componentes esenciales de la maquinaria que permite concretar semejante tarea sobre una molécula de ADN, consisten en una proteína (enzima CAS9) que actúa como una tijera, cortando el ADN, y en una molécula guía de ARN que dirige la tijera a cualquier punto del genoma. El resultado es básicamente un procesador de palabras para genes. Puedes editar un gen, eliminarlo o insertar uno nuevo.

Una vez que se creó un mosquito resistente a la malaria, el otro problema a resolver era ¿cómo hacer para que el gen de resistencia que tenía ese mosquito llegara a toda la población de mosquitos salvajes en la naturaleza? Una opción, era criar en *laboratorio un grupo de mosquitos que llevaban en uno de sus cromosomas el gen de resistencia y liberarlos esperando que pudieran transmitirlo a la descendencia. El problema es que en cada cruzamiento de un mosquito resistente con uno salvaje, las reglas de la genética mendeliana determinan que solo el 50% de los descendientes tendrá el gen de resistencia a la malaria y de esta manera el proceso de propagación del gen deseado es lento. Se necesitan muchas generaciones para que la frecuencia del gen alcance un valor importante en la población de mosquitos salvajes.*

Pero a un biólogo de Harvard llamado, Kevin Esvelt, se le ocurrió que si CRISPR/Cas9 lograra insertar no solo el nuevo gen de resistencia, sino también los genes responsables de su propio funcionamiento, es decir los que hacen el corte y el pegado, se lograría algo así como una maquina perpetua. Una máquina que no sola copia genes de interés sino que además tiene la capacidad de copiarse a si misma.

La inserción del sistema "CRIPSR/Cas-gen de interés" dentro de un cromosoma de células de la línea germinal, supongamos de una hembra, asegura que el rasgo este en todos sus óvulos y por lo tanto sea siempre transferido a la descendencia. Pero además, una vez que ese ovulo se una con un espermatozoide de un macho salvaje para formar una cigota, la primera célula a partir del cual surgirán todas las demás células del mosquito, el sistema "CRISPR/Cas- gen de interés" se copiara a sí mismo en el cromosoma homologo que vino del mosquito macho. Consecuentemente, todas las gametas de este nuevo individuo llevaran incorporado el sistema "CRISPR/Cas- gen de interés".

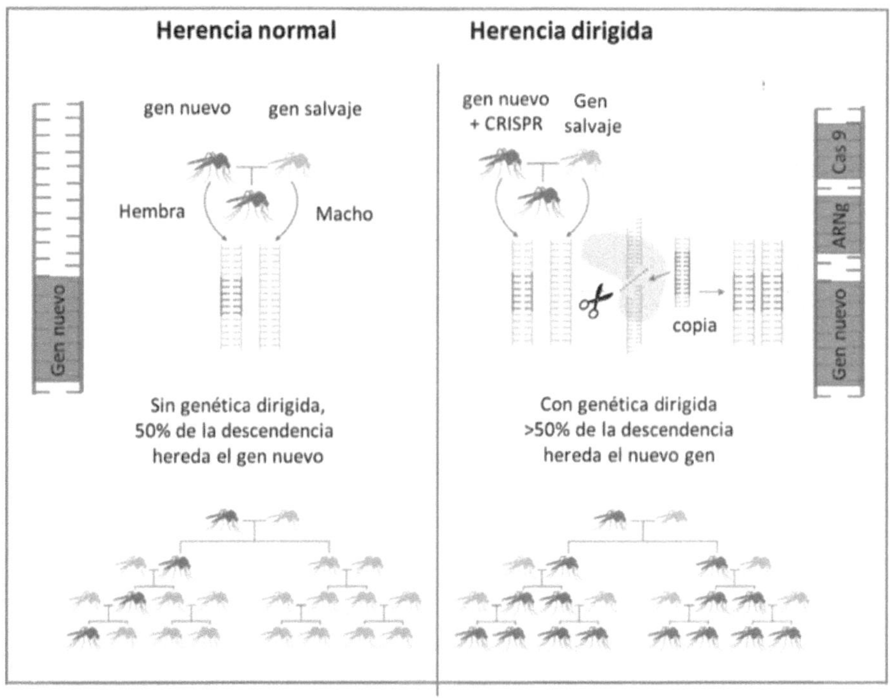

Siguiente está línea de razonamiento, es fácil ver que con cada nueva generación el gen de resistencia incrementa su frecuencia en la población de manera más rápida que lo esperable según la genética mendeliana. A este proceso se lo conoce como genética dirigida (gen drive, en inglés). De hecho, si se liberaran mosquitos resistentes a la malaria en una cantidad equivalente al 1% de la población salvaje, el gen de resistencia se extendería a todos los individuos en un año. Es decir, en un año, se podría virtualmente eliminar la malaria. Lo mismo podría ocurrir con otras enfermedades transmitidas por mosquitos como el dengue, el chikungunya, la fiebre amarilla.

Volviendo sobre la idea que quiero transmitirles, hasta ahora hemos concebido a los mosquitos solo como vectores para transportar algo perjudicial, como puede ser una enfermedad. Pero porque no pensarlos como mecanismos de transporte para algo positivo, como puede ser una vacuna o un suplemento alimenticio que falte en la población.

Por qué no pensar en liberar mosquitos que, además del sistema CRISPR, carguen genes para producir antígenos del COVID y que con cada picadura generen una respuesta inmune, análoga a la que se logra por las metodologías de vacunación tradicional. El gen del antígeno se dispersaría en la población rápidamente por la genética dirigida. Además, estos mosquitos sanadores resolverían gran parte de los problemas de logística que tiene la distribución de vacunas. En primer lugar, olvídense del requisito del frio. El antígeno está en forma de un gen dentro de un mosquito que lo produce de manera continua. Por otro lado, a partir de la liberación de mosquitos resistentes en puntos específicos del territorio, se podría llegar a lugares remotos, donde las campañas de vacunación no suelen hacerlo. Finalmente, los "antivacunas" no podrían negarse, a menos que lograran transcurrir su vida sin que los picara un mosquito, un hecho muy poco probable. Ah… y por si fuera poco, el cambio climático jugaría a favor, mayor distribución del mosquito mayor alcance de los beneficios que ofrecen.

Y qué pasa si el mosquito además carga genes para la producción de precursores de la vitamina A. La deficiencia de vitamina constituye un grave problema de salud pública que afecta países de bajos ingresos en África y el sudeste de Asia. Según advierte la Organización Mundial de la Salud, la falta de esta vitamina causa ceguera en cerca de 500.000 niños cada año. Esta problemática inspiró a un grupo de investigadores para que en 2005 produjeran la primera variedad transgénica del arroz dorado que incorporaba un gen para producir betacarotenos, que son necesarios para que el ser humano pueda producir la vitamina A. No todos pueden acceder a un plato de arroz dorado, pero los mosquitos están en todos lados y las picaduras, por lo menos por ahora, no tienen costo.

Por supuesto que aún hay algunos detalles por resolver. La dosis es uno de ellos. Dependiendo del compuesto que se quiera transmitir, la cantidad que inyecta un mosquito puede ser ínfima o por el contrario el exceso por múltiples picaduras causar efectos perjudiciales.

La imposibilidad de contener fronteras adentro a los mosquitos transgénicos y los efectos que pueden tener mutaciones naturales con un sistema que las propaga rápidamente, son otras de las cuestiones en que los científicos vienen trabajando.

Lo cierto, es que en este nuevo mundo, los mosquitos pasarían de seres indeseables a venerados. La industria de repelentes se reconvertiría a una industria de atrayentes, con posibles connotaciones en la industria de perfumes que buscaría incorporar a sus fragancias moléculas mosquito-amigables.

Aterricé en el aeropuerto Jonk F. Kenedy con dos horas para llegar a casa y prepararme para ir a la fiesta de mis suegros. Compartí una hermosa noche en familia y descansé todo el día siguiente. Cuando llegue el lunes a mi oficina ya me esperaban las dos personas que previamente mi asistente había citado. Mark y Joseline trabajaban, respectivamente, en el Banco Mundial y el Programa de Naciones Unidas para el Desarrollo (PNUD). Ambas instituciones aplicaban metodologías diferentes para la medición de pobreza y mi intención era poder entenderlas en profundidad y conocer sus diferencias.

Para el Banco Mundial unos 783 millones de personas vivía en la pobreza extrema[23] (con menos de 1,90 dólares diarios[24]). El número de pobres para el PNUD, basado en el concepto de pobreza multidimensional, rondaba los 1300 millones de personas.

---

[23] Meta 1.1 De aquí a 2030, erradicar para todas las personas y en todo el mundo la pobreza extrema.

[24] En octubre de 2015 el Banco actualizó el umbral de pobreza de 1,25 a 1,90 dólares/persona/día considerando los nuevos valores de PPA correspondientes al 2011.

La primera presentación estuvo a cargo de Mark que comenzó explicando la metodología del Banco Mundial para estimar la línea de pobreza. La misma surge a partir de promediar las líneas de pobreza nacionales (expresadas en dólares PPA) de un grupo de países que están entre los menos desarrollados del mundo[25]. Después mencionó que existían diferentes alternativas metodológicas, que variaban de país a país, para estimar las líneas de pobreza nacionales en función del ingreso de los hogares.

El análisis según la línea de pobreza describe el fenómeno a partir del ingreso de los hogares. El método consiste en establecer si los hogares tienen capacidad de satisfacer, por medio de la compra de bienes y servicios, un conjunto de necesidades mínimas (canasta básica total) tanto alimentarias como no alimentarias (vestimenta, transporte, salud, vivienda, educación, etc.) consideradas esenciales. La comparación que se establece entre dicha canasta y el ingreso familiar permite detectar a los hogares como pobres cuando no pueden cubrir el costo de esa canasta con sus ingresos.

Se definen como "pobres extremos" o "indigentes" las personas que viven en hogares que tienen ingresos por debajo del valor de la canasta básica alimentaria. De manera análoga se consideran "pobres" las personas que habitan hogares que tienen ingresos capaces de financiar el costo de una canasta básica de alimento, pero no el costo de una canasta básica total.

Después de esta introducción, Mark describió los pasos de la metodología:

Para construir la línea de pobreza los investigadores determinan la canasta básica alimentaria para un hogar en función de una canasta de alimentos que mantiene a una persona saludable en

---

[25] Chad, Etiopía, Gambia, Ghana, Guinea Bissau, Malaui, Mali, Mozambique, Nepal, Níger, Ruanda, Sierra Leona, Tayikistán, Tanzania y Uganda.

términos energéticos y la cantidad de personas que habitan el hogar.

El conjunto de alimentos elegidos responde a una dieta que mantiene a una persona saludable en términos energéticos[26]. En la Argentina, la estimación de estos requerimientos energéticos se calcula para un adulto equivalente definido como un varón de entre 30 y 59 años. La elección de la dieta que satisface dicho requerimiento energético no es trivial. Por ejemplo, el costo de la canasta para llegar al valor mínimo de calorías no es el mismo si se come caviar o pan. En general los pobres pagan mucho menos por caloría que los ricos, con lo cual la dieta elegida debe reflejar los hábitos de hogares con ingresos que potencialmente estarían cerca de la línea de pobreza.

Luego en función del número de integrantes de los hogares y de las edades/sexos de estos se determina el número de adultos equivalentes por hogar.

Finalmente, de la multiplicación del número de adultos equivalentes por hogar y el costo de la suma de los productos que satisface el requerimiento energético de un adulto equivalente se obtiene la Canasta Básica Alimentaria (CBA) del hogar que comparada con los ingresos del mismo permite determinar si se encuentra por arriba o por debajo del umbral de indigencia.

Después Mark mostró un ejemplo numérico,

Supongamos que la canasta de alimentos mensual para un adulto equivalente es la siguiente:

Tipo de alimento	Costo mensual

---

[26] Como indicador de una dieta que cumple con ese criterio se suele utilizar el estándar establecido por la FAO de 2100 kilocalorías/persona/día. Vale aclarar que este valor es solo un aproximado ya que las necesidades alimenticias varían en función de la edad/sexo de los individuos, el clima y el nivel de actividad física, entre otros.

	(pesos)
Pan	100
Pollo	200
Carne molida	200
Leche	200
Aceite	100
Azúcar	100
Papa	100
Total	1000

Es decir que el costo mensual por adulto equivalente en el componente alimenticio es de 1000 pesos.

Para estimar la canasta básica total (CBT) se adiciona al valor de la canasta de alimentos el asociado a la inclusión de bienes y servicios no alimentarios (vestimenta, transporte, educación, salud, etc.). Para ello, se suelen aplicar coeficientes multiplicadores[27]. Suponiendo para nuestro ejemplo, que dicho coeficiente tiene un valor de 2 entonces la Canasta Básica Total por addulto equivalente sería de 2000 pesos.

*CBT = CBA*2= 1000 * 2 = 2000 pesos por adulto equivalente.*

Ahora consideremos dos hogares. El primero se conforma por una mujer de 61 años, una de 35 años y un hijo de 18 años. El segundo está compuesto por un hombre de 35 años, una mujer de 31 años, un hijo de 5 y una hija de 8 años.

Edad (años)	Sexo	Nece. energ. (Kcal)	Adultos eq.
60 y +	Mujeres	1730	0,64
30 a 59	Mujeres	2000	0,74
18 a 29	Varones	2860	1,06
30 a 59	Varones	2700	1,00
4 a 6	Ambos	1710	0,63

---

[27] Como la inversa del "Coeficiente de Engel" que considera la relación entre los gastos alimentarios y los gastos totales.

7 a 9	Ambos	1950	0,72

A partir de los valores de conversión de la tabla de requerimientos energéticos por edad se determina que el primer hogar tiene 2,4 y el segundo 3 adultos equivalentes. En función de ello, la CBA y CBT para cada uno de los dos hogares sería la siguiente:

	CBA	CBT
Hogar 1	2400 pesos[28]	4800 pesos[29]
Hogar 2	3000 pesos	6000 pesos

Suponiendo que los ingresos mensuales de los hogares fueran respectivamente de 2000 y 3500 pesos *y aplicando esta metodología llegaría a la conclusión de que los miembros del primer hogar están en la "pobreza extrema" o "indigencia", ya que el valor de sus ingresos no alcanza para financiar la CBA; por otro lado, los miembros del segundo hogar se considerarían "pobres", pero no indigentes, ya que sus ingresos alcanzan para financiar la CBA pero no la CBT.*

Mark interrumpió un par de segundos para tomar un vaso de agua y retomó su exposición hablando sobre cómo se logra la comparabilidad de las mediciones entre países que tienen diferentes costos de vida,

Para comparar los niveles de pobreza entre diferentes países resulta necesario eliminar las distorsiones que se crean al medirla en la divisa local. De forma consensuada se ha tomado el dólar como moneda de referencia para hacer las conversiones, pero aun así es necesario eliminar las diferencias de precios que hay de un país a otro a través de la paridad de poder adquisitivo,

La paridad de poder adquisitivo (PPA[30]) responde a la pregunta de cuánto dinero sería necesario para comprar los mismos bienes y

---

[28] 2,4 * 1000

[29] 2,4 * 2000

[30] La PPA permite presentar los datos sobre ingresos y consumo de cada país de manera tal que puedan compararse. La PPA se calcula a partir de datos sobre precios de todo el mundo, y la responsabilidad de determinar la PPA de un año en particular corresponde al Programa de Comparación Internacional (ICP), un

servicios en dos países diferentes. Por ejemplo, si el tipo de cambio entre el euro y el dólar estadounidense es de 1,60 y un producto cuesta 1$ en Estados Unidos, el mismo producto debería costar en Europa 1,60€. Es decir, si alguien tiene 1,60€ puede comprar dicho producto en Europa o cambiar el dinero a dólares y comprarlo en Estados Unidos. Ahora bien, si en Europa ese producto costase 1,40€, el euro tendría un mayor poder adquisitivo ya que permitiría comprar ese producto y algo más.

Resumiendo, la paridad del poder adquisitivo se utiliza para transformar las monedas locales de cada país a dólares internacionales (o dólares PPA), eliminando de esta manera las diferencias de precios existentes entre los países.

Para finalizar destacó la información más reciente que tenía el Banco con respecto al estado de situación de la pobreza a nivel global.

Más de la mitad de los pobres de todo el mundo habitaban en África al sur del Sahara y más del 85 % de los pobres vivían en esa región o en Asia meridional. Los países más populosos de Asia meridional (India y Bangladesh) y de África subsahariana (Nigeria, Etiopía y República Democrática del Congo) son los que albergan la mayor cantidad de personas en condiciones de pobreza extrema.

Llegado el turno del siguiente expositor, mi asistente ya había puesto sobre la mesa suficiente bebida y comida para saciar nuestra sed y hambre hasta finalizar la reunión. Aprovechando el momento de distención compartí con mis colegas una anécdota que me resultaba muy inspiradora:

"Un padre[31] económicamente acomodado, queriendo que su hijo supiera lo que es ser pobre, le llevó a pasarse un par de días en el

---

programa estadístico independiente que cuenta con una oficina internacional en la sede del Banco Mundial. El Banco Mundial cuenta con valores de paridad del poder adquisitivo para cada país. La última actualización fue realizada en el 2011.

[31] Fuente: adaptado de texto disponible en http://www.decrecimiento.info/2010/01/relatos-sobre-la-pobreza.html

monte con una familia campesina; y pasaron tres días y dos noches en una granja de una familia muy humilde. En el coche, retornando a la ciudad, el padre pregunto a su hijo -¿qué te pareció la experiencia?-... -muy buena- contestó el hijo con la mirada puesta a la distancia. -¿Viste que tan pobre puede ser la gente?-... -Sí-... -Y ¿qué aprendiste?- insistió el padre...- Vi que tenemos un perro en casa; ellos tienen cuatro. Nosotros tenemos una piscina que llega de una pared a la mitad del jardín; ellos tienen un rio que no tiene fin. Nosotros tenemos unas lámparas importadas en el patio; ellos tienen las estrellas. El patio llega hasta la pared de la casa del vecino; ellos tienen todo un horizonte de patio. Ellos tienen tiempo para conversar y estar en familia; tú y mamá tienen que trabajar todo el tiempo y casi nunca los veo- Al terminar el relato, el padre se quedó mudo... y su hijo agregó -Gracias, papi, por enseñarme lo ricos que podemos llegar a ser-.

Retomando tras el intervalo, Joseline inició su presentación planteando las diferencias principales que tenía el índice de pobreza multidimensional del PNUD y la línea de pobreza que acababa de explicar su colega del Banco Mundial.

La pobreza va más allá de la falta de ingresos para garantizar un medio de vida sostenible. Entre sus manifestaciones se incluyen el hambre y la malnutrición, el acceso limitado a la educación y a otros servicios básicos. El método de medición de la pobreza en base a los ingresos de las personas que explicara mi colega del Banco, tiene el valor de establecer una referencia transparente y fácilmente replicable para poder hacer un seguimiento de la situación del mundo y los diversos países a lo largo del tiempo. No obstante, no permite capturar la naturaleza multidimensional que subyace a este concepto, al considerar que la satisfacción de las necesidades básicas sólo depende del ingreso o del consumo corriente de los hogares. En nuestra visión, la satisfacción de dichas necesidades involucra múltiples dimensiones que no necesariamente dependen solamente de los ingresos y que, como veremos a continuación, pueden ser valoradas a través del Índice de Pobreza Multidimensional (IPM).

El IPM ofrece un valioso complemento a las herramientas de medición de la pobreza basadas en los ingresos. Su estimación requiere la identificación de múltiples carencias a nivel de los hogares y las personas en los ámbitos de la salud (mortalidad infantil y nutrición), la educación (escolaridad y tasa de matriculación) y el nivel de vida digno (electricidad, agua potable, alcantarillado, combustible para cocinar, tipo de piso en la vivienda y existencia de bienes).

Una persona es considerada en situación de pobreza multidimensional[32] cuando su hogar tiene carencias en una tercera parte o más de los indicadores. De manera análoga, una persona se considera en pobreza multidimensional extrema, si su hogar sufre carencias en al menos la mitad de los indicadores ponderados.

El IPM mide tanto la cantidad de personas afectadas por privaciones simultáneas (incidencia) cómo el número de carencias (intensidad) que les afectan. La incidencia (H) es la proporción de la población que es multidimensionalmente pobre. La intensidad (A) representa la proporción de los indicadores donde, en promedio, los pobres están sujetos a privaciones.

Al igual que Mark mostró un ejemplo numérico para poder entender mejor como se calculaba el IPM.

Supongamos que en un país se llevó adelante una encuesta en una muestra de tres hogares en las que se hicieron preguntas orientadas a determinar si sus habitantes estaban en pobreza multidimensional. Por ejemplo, para la dimensión de salud, se preguntaba si al menos un miembro del hogar estaba desnutrido o si algún niño había muerto. Si la respuesta era afirmativa, se le

---

[32] Meta 1.2 De aquí a 2030, reducir al menos a la mitad la proporción de hombres, mujeres y niños de todas las edades que viven en la pobreza en todas sus dimensiones con arreglo a las definiciones nacional.

asignaba al indicador un valor de uno. Luego para cada hogar se computaba un puntaje global considerando las privaciones que experimentaba en los diez indicadores (privación total del hogar) [33].
Si el valor de la privación total del hogar era mayor o igual 3,3 ese hogar (y todos sus miembros) se encontraban en situación de pobreza multidimensional.

Como resultado de este proceso se obtuvo la siguiente tabla:

Indicadores	Hogares			Ponder.
	I	II	III	
Cantidad de personas	4	7	5	
Salud				
Por lo menos un miembro del hogar está desnutrido	0	0	1	5/3
Uno o más niños han muerto	1	1	0	5/3
Educación				
Ningún miembro del hogar completó cinco años de educación	0	1	0	5/3
Por lo menos un niño en edad escolar no está matriculado en la escuela	0	1	0	5/3
Nivel de vida				
Sin electricidad	0	1	1	5/9
Sin acceso al agua potable	0	0	1	5/9
Sin acceso a saneamiento adecuado	0	1	1	5/9
Vivienda con piso de tierra	0	0	0	5/9
Hogar usa combustible contaminante (estiércol, leña o carbón) para cocinar	1	1	1	5/9
Hogar no tiene auto, camión o vehículo motorizado similar y posee solo uno de estos bienes: bicicleta, motocicleta, radio, refrigerador, teléfono o televisor	0	1	0	5/9
Privación total del hogar	2,2	7,2	3,8	

---

[33] Suma de cada privación multiplicada por su ponderador. Por ejemplo, la privación total del hogar 1 = (1 * 5/3) + (1 * 5/9) = 2,22

¿El hogar está en situación de pobreza multidimensional?	No	Si	Si	

La proporción de la población multidimensionalmente pobre (H) surge después de dividir el número de personas pobres sobre la cantidad de individuos en la muestra de hogares.

Para este ejemplo: H = (7+5) / (4+7+5) = 0,75

La intensidad de la pobreza (A) solo se estima para los hogares pobres. Para ello, primero se suman las privaciones totales por hogar multiplicados por la cantidad de miembros de cada uno. Luego, el valor obtenido se divide por el número total de indicadores y de personas pobres.

*Para este ejemplo: A= ((7,2*7) + (3,8*5)) / ((7+5) * 10) = 0,58.*

Es decir, la persona pobre promedio está sujeta a privaciones en el 58% de los indicadores considerados.

Finalmente, el IPM del país se obtiene de la multiplicación de la incidencia (H) y la intensidad (A) de pobreza.

*Para este ejemplo: IPM= H*A = 0,75 * 0,58 = 0,43*

Los países[34] que presentan los mayores valores de IPM son los más afectados por la pobreza multidimensional. Aproximadamente 1.300 millones de personas en el mundo se encuentran en esa situación. De estos, casi la mitad, viven en la pobreza extrema y sufren carencias en al menos la mitad de las dimensiones que cubre el IPM.

Para finalizar, Joseline se refirió a la pobreza como un concepto relativo y no absoluto como lo habíamos venido desarrollando hasta ahora.

---

[34] En 2015, los países más pobres del mundo según el IPM del PNUD fueron: Niger (0,584); Sudán del Sur (0,551); Chad (0,545); Etiopía (0,537) y Burkina Faso (0,508).

La definición de la pobreza no se puede aislar del contexto económico, político y social donde se genera. Una persona pobre en el barrio del Bronx en Nueva York, EEUU, tiene más recursos físicos y monetarios (televisión, dólares, coche, móvil, transferencias públicas de tipo asistencial, etc.) que una persona de clase media en Ghana (África). Si el mundo fuera una sociedad, el pobre del Bronx, EEUU, pertenecería a la clase media mundial, y la persona de clase media de Ghana pertenecería a la clase pobre mundial.

La pobreza relativa está asociada con la distribución del ingreso y usualmente se define a partir de un umbral medido como porcentaje del ingreso medio del país. En función de dicho umbral, la Unión Europea define tres categorías de pobreza: la población que dispone entre un 50 y un 60 % del ingreso medio es catalogada como "en riesgo de pobreza", aquella que dispone entre 40 y 50 % de ese ingreso es catalogada como "pobre" y la que dispone de menos del 40 % se encontraría en "pobreza extrema"[35].

Esta forma de definir la pobreza puede llevar a resultados extraños, como ser el poder constatar un gran aumento de la pobreza relativa durante épocas de fuerte disminución de la pobreza absoluta. Este es, por ejemplo, el caso de China donde durante los últimos tres decenios un crecimiento económico espectacular ha sacado a millones de chinos de la pobreza absoluta, pero a la vez, en razón de una mayor desigualdad en la distribución del ingreso, ha aumentado rápidamente el número de pobres relativos.

Eran ya casi las cuatro cuando Joseline terminó su presentación. Después de agradecerles a ambos, los acompañe hasta la puerta de mi oficina. Tenía un par de horas antes de la cena y le había prometido a mi hijo

---

[35] Meta 10.1: De aquí a 2030, lograr progresivamente y mantener el crecimiento de los ingresos del 40% más pobre de la población a una tasa superior a la media nacional.

ayudarlo a preparar la exposición que daría al día siguiente en la escuela. Ya en casa, Jano, me explicaría el contexto en que se daría su presentación a la cual por cierto estaba invitado,

El Modelo de Naciones Unidas es un evento educativo en el cual participan jóvenes estudiantes de diferentes escuelas representando a los delegados de los diversos países de la ONU en un simulacro de una sesión de alguno de los comités que conforman a dicho organismo internacional. En este caso la sede sería la escuela de mi hijo y se simularía una sesión del Consejo Social y Económico (ECOSOC[36]) sobre la base de una agenda que incluía como tema principal *"el crecimiento económico y la distribución del ingreso"*.

Se sesionaría con un reglamento similar al utilizado por los diplomáticos dentro del sistema de Naciones Unidas y con las mismas reglas de ceremonial y protocolo vigentes en este tipo de reuniones. Los participantes debían sentar posiciones, en forma individual o en conjunto con otras naciones que integraran su grupo, sobre las temáticas previstas.

Buena parte de la acción en las Naciones Unidas se produce en los grupos de negociación informal o reuniones de "bloques". Los Estados Miembros se organizan en grupos a fin de aprovechar el ámbito de las Naciones Unidas como foro para proteger sus propios intereses nacionales, así como, para expresar su opinión oficial. Esta defensa de los intereses nacionales se hace más efectiva cuando se encuentra a otros países que los comparten, pues al agruparse pueden ejercer de manera más eficaz su influencia política en la Asamblea General y otros foros de la ONU. Los grupos o bloques regionales son conjuntos de países que comparten intereses comunes sobre diversos temas y no deben ser confundidos con los órganos y comisiones de la ONU. La Asamblea General de las Naciones Unidas considera la representatividad de cinco grupos regionales: 1) África; 2) Asia y el Pacífico; 3) Europa Occidental y otros Estados; 4) Europa Oriental; y 5) América Latina y el Caribe. Además de los grupos regionales, operan varios grupos de negociación que no necesariamente responden a criterios geográficos, entre ellos, el Grupo de los setenta y siete (G77) que incluye a la mayor parte de los países en desarrollo.

---

[36] El ECOSOC es el foro central de las Naciones Unidas en temáticas de desarrollo económico y bienestar social.

Después de comprender el contexto de la tarea de mi hijo, nos sentamos juntos a redactar el documento de posición del país que representaría y que usaríamos al día siguiente como guía para el debate. Además, le confirmé que estaría orgulloso de formar parte de la delegación nacional que el encabezaría.

4. Desigualdad y crecimiento económico

Cuando entramos al salón de actos de la escuela, sobre una mesa estaban ordenadas alfabéticamente las placas de los países que participarían. Buscamos la placa de Argentina y nos sentamos en las dos sillas que tenía asignado ese país.

Un par de minutos después, el discurso inaugural del presidente de la sesión introducía los temas de la agenda sobre los que se centraría el debate: crecimiento económico y distribución del ingreso. Al finalizar le cedió la palabra a un asesor, el profesor de economía en la práctica, que dio una presentación sobre dos indicadores que resultarían importantes para dar un contexto al debate: el producto interno bruto y el índice de Gini.

Uno de los indicadores más importantes de una economía es el producto interno bruto (PIB), que mide el valor total de los bienes y los servicios finales que se producen dentro de los límites geográficos de un país en un periodo específico. Para cada bien o servicio producido por la economía, ya se trate de cereales, automóviles, cortes de pelo o alquileres de viviendas, la cantidad producida se multiplica por el precio por unidad para calcular el valor total de la producción. Luego todos estos datos se suman para calcular el indicador.

Para cuantificar el Producto Bruto Interno, existen distintos métodos, aquí solo les presentaré un ejemplo numérico del de "valor agregado".

Supongamos un país inventado cuya economía depende solo de tres sectores: agricultura, industria de molienda y panaderías.

Para producir bienes de consumo final requerimos de insumos o de bienes intermedios. En nuestro ejemplo, el agricultor siembra la semilla y obtiene el trigo, que es el insumo básico para el molinero, que lo transforma en harina. A su vez, está última sirve de insumo al panadero para producir el pan. Por tanto, mediante este método sumamos los valores añadidos (a los bienes intermedios) en cada fase del proceso productivo y en cada sector de actividad económica. Siguiendo este razonamiento el PIB se estima a partir de la suma de los valores agregados del sector primario, secundario y terciario.

	Agricultores	*Molinos*	*Panaderías*	*Demanda final*
Agricultores		*100*		
Molinos			*300*	
Panaderías	*100*	*200*	*300*	*600*

Un agricultor cultiva trigo y lo vende a un molinero por 100 pesos. Este lo convierte en harina y la vende a un panadero por 300 pesos. El panadero la utiliza para hacer pan y lo vende a 600 pesos.

El valor agregado por cada sector es el valor del bien producido menos la cantidad que se ha pagado por los materiales necesarios para hacer el bien. Por lo tanto, el valor agregado por el agricultor (asumiendo que obtiene su propia semilla sin costo) es de 100 pesos. El valor agregado por el molinero es 200 pesos, ya que el vende la harina al panadero por 300 pero ha pagado 100 por el trigo. El valor agregado por el panadero es de 300 pesos, ya que vende el pan al público por 600, pero ha comprado la bolsa de harina por 300. En base a esta información, el PIB es el valor total agregado[37], es decir, 100 + 200 + 300 = 600 pesos que es equivalente al valor de los bienes finales producidos, en este caso, al valor de venta del pan.

El PIB de cada país se expresa en la moneda nacional: dólares, pesos, euros, yens, yuans, wons, etc. Para realizar comparaciones

---

[37] El valor agregado, en cada sector de actividad económica, se reparte en sueldos y salarios, beneficios e intereses y en renta de la tierra

entre países, sin embargo, las monedas nacionales se convierten a dólares estadounidenses según la tasa de cambio de mercado. De este modo obtenemos un estándar para comparar el PIB de distintos países. No obstante, esta comparación tiene un problema. Los precios de los productos varían entre países, aun cuando todos se expresen en dólares estadounidenses. Supongamos que, en el primer país, los barberos venden cortes de pelo por valor de 50 millones de dólares, mientras que, en el segundo, sólo llegan a 25 millones. Si el precio del corte de pelo es el mismo en ambos países, podríamos tener razón al concluir que el primer país produce el doble de cortes de pelo que el segundo. Pero si el precio de mercado de los cortes de pelo es el doble en el primer país, entonces el número de cortes de pelo es el mismo, aun cuando el volumen de ventas sea el doble en el primer país. En este contexto, para poder llevar adelante comparaciones entre países se utiliza el PIB en dólares corregido por la paridad de poder adquisitivo (PPA) que elimina las distorsiones que generan los diferentes niveles de precios existentes entre ellos.

Usualmente se utiliza al PIB per cápita[38] como un indicador del nivel de vida relativo de distintos países (a pesar de que los niveles de vida podrán variar dentro de cada país en función de la distribución de los ingresos).

El Banco Mundial clasifica las economías del mundo, según su PBI per cápita en cuatro grupos: alto, mediano alto, mediano bajo y bajo. Los países incluidos en el primer grupo quedan excluidos de la posibilidad de ser receptores de la Asistencia Oficial al Desarrollo (ODA)[39].

Si el PIB mide el tamaño total del pastel económico, el PIB per cápita mide el tamaño medio de la porción que recibe cada

---

[38] Es decir, el PIB dividido por el tamaño de la población.
[39] En base a la lista que elabora la OCDE en función de los PBI per capita estimados por el Banco Mundial.

persona. Por supuesto, la distribución efectiva de ingresos en cualquier economía será desigual. Algunos hogares se llevarán una porción muy grande del pastel, mientras que otros apenas recibirán las migajas.

La utilización del PIB per cápita como un indicador de bienestar[40] en una población obedece a la existencia de una correlación, aunque imperfecta, con otras variables como la esperanza de vida, los niveles de educación, la calidad de las infraestructuras y los niveles de consumo.

Un estudiante, representando a un país que desde mi lugar no podía identificar, levantaba efusivamente su mano con lo cual el Presidente un poco desconcertado por la temprana solicitud de intervención, en un debate que en teoría aún no iniciaba, le otorgó la palabra.

Gracias Sr. Presidente y pido disculpas por esta interrupción, pero mi país no puede aceptar que se refiera al PIB como un indicador de bienestar de las poblaciones. Simplemente no puede serlo porque la cuenta a partir de la cual se obtiene, no considera los costos sociales o ambientales, que desde luego tienen una influencia fundamental en la vida de la gente. Por ejemplo, el derrame de petróleo causado en abril del 2010 en el Golfo de México es considerado una de las mayores catástrofes ambientales de los últimos tiempos. Sin embargo, los enormes costos ambientales y sociales resultantes del derrame solo influyeron parcialmente en la determinación del PIB de ese año. De manera contradictoria, las actividades para revertir los daños, que, si son computadas integralmente en el cómputo del PIB, contribuyeron a incrementar su valor en ese periodo. Análogamente, las elevadas tasas de criminalidad no mejoran la

---

[40] Meta 8.1: Mantener el crecimiento económico per cápita de conformidad con las circunstancias nacionales y, en particular, un crecimiento del producto interno bruto de al menos el 7% anual en los países menos adelantados.

Otro chico levantaba con entusiasmo su placa. Representaba al Reino de Bután una pequeña y montañosa nación budista del norte de Asia, localizada en la cordillera del Himalaya. Allí, según mencionó, se había desarrollado un índice de Felicidad Nacional Bruta (FNB) para medir el bienestar de su población. El índice medía la calidad de la vida, tratando de encontrar un equilibrio entre lo material y lo espiritual. Se basaba en nueve indicadores agrupados en cuatro pilares: desarrollo socioeconómico sostenible y equitativo, preservación y promoción de la cultura, conservación del medio ambiente y buen gobierno. De los nueve indicadores sólo uno se refería al progreso económico, medido a través del ingreso per cápita familiar.

El presidente pidió una moción de orden para continuar con la agenda acordada antes de dar inicio al debate. Posteriormente el profesor de economía retomó su exposición, *contaminación industrial. Por todo ello, debe ser considerado solo un indicador aproximado del auténtico bienestar económico que no considera que las personas pueden padecer cargas terribles como la contaminación, los desastres naturales y las guerras, sin que los costos sociales y ambientales asociados a ellas queden del todo reflejados en su contabilidad.*

El profesor continuó después explicando la diferencia entre el PIB real y nominal,

Cuando se analiza el PIB de un país a lo largo del tiempo es importante determinar que parte de las diferencias encontradas se debe a que efectivamente hubo un crecimiento (o disminución) de la producción y que parte se explica por un proceso de variación de precios.

Para explicar la diferencia entre el PIB real y el nominal presentó un ejemplo numérico simplificado considerando una economía que produjera pan como único bien final.

Supongamos que el año pasado se produjeron 100 toneladas de pan y cada una se vendió a 1 peso. Por lo tanto, el PIB fue igual a 100 pesos. Asumiendo que este año la producción anual se incrementa en un 30% y la inflación es de un 50%, el PIB en el presente equivale a 195 pesos[41], es decir se incrementó en un 95% con respecto al año anterior. Sin embargo si eliminamos la variación del precio el PIB ahora sería de 130 pesos[42], es decir, el crecimiento fue del 30%. En el primer caso (crecimiento del 95%) hemos comparado PIB nominales, cada uno medido en los precios vigentes en su ejercicio, mientras que en el segundo caso (crecimiento del 30%) hemos comparado PIB reales, es decir medidos aplicando el mismo precio.

---

[41] 130 toneladas multiplicadas por 1,5 pesos por tonelada.
[42] 130 toneladas multiplicadas por 1 peso por tonelada.

Después arranco con la explicación del índice de Gini que llevó adelante sin interrupciones.

La desigualdad, es un concepto que se refiere habitualmente a las diferencias de renta entre ciudadanos[43]. El indicador más utilizado y aceptado para cuantificar los niveles de desigualdad de ingresos es el coeficiente de concentración de Gini, que toma valores entre cero, cuando existe completa igualdad en la distribución del ingreso, y uno, en caso de completa desigualdad.

Para ponerlo en términos numéricos, supongamos que, en una sociedad integrada por cien personas, una sola tiene todo el ingreso y el resto nada. En este caso existe completa desigualdad de ingresos y el índice vale uno. A partir de allí pensemos que la persona empieza a distribuir paulatinamente un peso a cada uno de los demás consecuentemente el índice de Gini empieza a disminuir hasta que llegado el caso en que todos los ciudadanos tienen un peso en la sociedad habría completa igualdad y el índice tendría el valor de cero.

América Latina presenta los niveles de desigualdad más altos del mundo (es decir los mayores valores en el índice de Gini). Por otro lado, según el Banco Mundial, menos de cien personas acumulan la riqueza de casi la mitad de la humanidad. Este número claramente refleja la enorme desigualdad que existe en el mundo. Para peor, la brecha es aún mayor si sumamos a la desigualdad de ingresos aquella vinculada con el acceso a agua potable, electricidad, saneamiento, educación, salud y otros servicios básicos.

A continuación, el profesor se refirió a la vinculación entre la distribución del ingreso y la pobreza,

---

[43] Los ODS además de la desigualdad de ingresos considera otros tipos de desigualdades como la de género.

La distribución es un concepto relativo. Por ejemplo, si hay 100 pesos de ingreso, se pueden repartir 80 y 20, lo cual implica una distribución desigual. Pero también se puede dar el caso que se distribuyan 50 pesos de ingreso y sea 25 y 25 pesos. Esto representa una distribución de ingreso perfecta, pero paradójicamente los dos tienen menos ingresos que en el primer caso. Si la distribución de un país es muy desigual, la pobreza será grande, pero puede ser aún mayor si no crece la economía.

La distribución de un país puede empeorarse, pero su pobreza disminuir fuertemente, como ha sucedido en China, India y en la mayoría de los países asiáticos. En China hace veinte años la diferencia de ingresos en su población era menor, ya que básicamente eran todos pobres. Desde que comenzó su fenomenal crecimiento, muchos chinos pasaron a ser ricos y por supuesto muchos siguen siendo pobres. Así la distribución del ingreso empeoró, pero debido fundamentalmente a que hay una mayor cantidad de personas ricas y no a que existan más pobres. En el caso de otros países, como Chile, la distribución del ingreso prácticamente no ha cambiado, sin embargo, la pobreza ha ido en descenso.

Para finalizar, se refirió al controvertido concepto del "efecto derrame" en base al cual algunos economistas sostienen que la acumulación de riqueza por parte de los sectores acomodados beneficia también a los pobres, porque una porción de dicha riqueza derrama sobre ellos.

Después de esto, el presidente abrió la sesión para los países, con una pregunta disparadora: "¿El *crecimiento económico logra provocar por sí mismo mayor equidad e inclusión social?*". El primero en tomar la palabra fue un joven, que resultó ser uno de los mejores amigos de mi hijo y representaba en el modelo a la República Bolivariana de Venezuela,

Gracias señor Presidente. Quisiera referirme en especial al denominado "efecto derrame" con el que cerró su presentación nuestro distinguido panelista. Hemos escuchado reiteradas veces

posiciones de colegas que defienden las teorías del derrame, que supone que todo crecimiento económico, favorecido por la libertad de mercado, logra provocar por sí mismo mayor equidad e inclusión social[44] en el mundo. Estos mismos colegas afirman que para que existan menos pobres resulta necesario que antes, los ricos sean mucho más ricos. Ese mandato de resignación se asemeja al de las religiones fatalistas que pregonan que para entrar en el reino de los cielos es necesario ser antes humillado y ofendido. Nos han mentido durante décadas con que el objetivo del gobierno debía ser primero crecer para después distribuir, nosotros no creemos en esto. Nuestra posición es más bien contraria, redistribuir riqueza, dar capacidad de consumo a los que menos tienen, a la larga beneficia a todos, incluso a las empresas que tienen una demanda asegurada para lo que venden y eso genera crecimiento económico.

Otro chico, representando a un país que no puede identificar desde mi lugar se refirió a la movilidad social,

Sr Presidente, para nosotros un aspecto central para la redistribución de la riqueza es brindar oportunidades para que todas las personas puedan mejorar su situación a futuro a través de la movilidad social. Imaginemos dos países con una distribución del ingreso idéntica. Consiguientemente, en ambos países el coeficiente de Gini tendrá igual valor. Pero resulta que en uno de dichos países los hijos de los ricos son ricos, y los hijos de los pobres son pobres, porque los primeros son hijos de ricos y los segundos hijos de pobres; mientras que en el otro país lo que ocurre con la posición económico-social de cada uno de sus habitantes, no solamente depende del nivel de ingreso de sus padres sino también de su propio accionar. En otros términos, en

---

[44] Meta 10.2: De aquí a 2030, potenciar y promover la inclusión social, económica y política de todas las personas, independientemente de su edad, sexo, discapacidad, raza, etnia, origen, religión o situación económica u otra condición.

el primer país no se registra movilidad, mientras que en el segundo sí.

A continuación, mi hijo tomo la palabra y expuso lo que habíamos investigado juntos previamente.

> *Gracias su Excelencia. En general estamos de acuerdo con lo que ha dicho el colega que me precedió, no obstante, sin menoscabar que la movilidad dependa del propio accionar de las personas creemos que es igual de importante el rol fundamental del Estado igualando oportunidades, es decir generando el contexto necesario para que después el accionar individual se catalice en movilidad y esto depende fundamentalmente de asegurar que todos los ciudadanos puedan acceder a educación de calidad.*
>
> *El apoyo internacional, a través de la Asistencia Oficial al Desarrollo (AOD) también puede contribuir a potenciar la movilidad social, sobre todo en los países con menores recursos. En ese contexto instamos a los países desarrollados aquí presentes a cumplir con su compromiso[45] de proporcionar el 0,7 por ciento de su ingreso nacional como AOD.*

Después pidió la palabra el representante de Alemania que hablaría en representación de los países que integran la OCDE[46].

---

[45] Meta 17.2: Velar por que los países desarrollados cumplan plenamente sus compromisos en relación con la asistencia oficial para el desarrollo, incluido el compromiso de numerosos países desarrollados de alcanzar el objetivo de destinar el 0,7% del ingreso nacional bruto a la asistencia oficial para el desarrollo de los países en desarrollo y entre el 0,15% y el 0,20% del ingreso nacional bruto a la asistencia oficial para el desarrollo de los países menos adelantados; se alienta a los proveedores de asistencia oficial para el desarrollo a que consideren la posibilidad de fijar una meta para destinar al menos el 0,20% del ingreso nacional bruto a la asistencia oficial para el desarrollo de los países menos adelantados.

[46] Es un foro que incluye a los países con las economías más poderosas del mundo.

Para poner en marcha la productividad e impulsar el crecimiento inclusivo a largo plazo el primer paso es crear un entorno propicio para la innovación. Para ello será necesario que los países lleven adelante reformas estructurales destinadas a promover la competencia del mercado y fortalecer los sistemas financieros. Además, se requerirá de la eliminación de subsidios y el establecimiento de impuestos ambientales, con el objetivo de dar señales claras para la promoción de las inversiones verdes. Con respecto a la reducción del desempleo, resulta esencial reducir los impuestos al trabajo y flexibilizar los regímenes de contratación con el fin de darle un mayor dinamismo al sector.

Las intervenciones siguieron por el lapso de las dos siguientes horas y de verdad fueron muy interesantes. En sus palabras finales, el presidente reflexionó sobre el concepto de desarrollo sostenible que implícitamente había estado contemplado en distintas intervenciones,

El desarrollo sostenible, por supuesto depende del crecimiento económico, pero no alcanza solo con ello. Requiere fundamentalmente que se logre un proceso de crecimiento inclusivo, caracterizado por la erradicación de la pobreza extrema, la reducción de la desigualdad entre pobres y ricos; un elevado nivel de movilidad social; y la ausencia de discriminación por cuestiones de género, raza, religión o etnias.

Luego, invito a todos a participar el mes siguiente del próximo debate que esta vez se avocaría al tratamiento de la problemática del cambio climático. Le confirmé a mi hijo que desde luego me encantaría acompañarlo nuevamente.

Las siguientes semanas me concentré en avanzar en la elaboración de mis informes de trabajo. Llegado el 22 de mayo participe de la reunión del Grupo de Trabajo Abierto de los ODS que incluía en su temario la seguridad alimentaria y la nutrición.

5. Seguridad alimentaria y hambre

La reunión que debía iniciar a las ocho de la mañana se demoró casi dos horas ya que el experto de la Organización de las Naciones Unidas para la Alimentación (FAO, por sus siglas en inglés), que tenía a su cargo la presentación principal del evento, estaba demorado en el aeropuerto. Cuando finalmente arribó al salón, yo tomaba mi tercera taza de café y empezaba a impacientarme. Sin demoras, Macharia Kamau, uno de los co-facilitadores del Grupo, lo presentó. Tras ello, nuestro ilustre visitante se acercó al podio e inició su exposición definiendo algunos conceptos básicos.

> *Alrededor de 795 millones de personas no disponen de alimentos[47] suficientes para llevar una vida saludable y activa. Esto es, una de cada nueve personas en la Tierra. El hambre o subalimentación crónica, se entiende como un periodo, que dura al menos un año, durante el cual el nivel de ingesta de alimentos de una persona resulta insuficiente para satisfacer las necesidades de energía alimentaria.*

Seguido de ello aclaro que el hambre no era lo mismo que la desnutrición. Mientras que el primer concepto se refiere solamente a la insatisfacción de necesidades energéticas, la desnutrición también considera las deficiencias en la ingestión o asimilación de nutrientes que resultan esenciales para mantener una buena salud.

> *Es muy probable que una dieta con un aporte inadecuado de energía tampoco garantice una ingestión suficiente de proteínas y micronutrientes generando desnutrición. En cambio, lo contrario no ocurre, ya que pueden existir estados carenciales de micronutrientes asociados con dietas altamente energéticas. Por*

---

[47] Meta 2.1: Para 2030, poner fin al hambre y asegurar el acceso de todas las personas, en particular los pobres y las personas en situaciones vulnerables, incluidos los lactantes, a una alimentación sana, nutritiva y suficiente durante todo el año

ejemplo en África septentrional, las dietas ricas en carbohidratos mantienen la subalimentación bajo control, pero la falta de calidad y diversidad de la dieta ha empujado la malnutrición[48] infantil hasta niveles relativamente elevados.

Después se refirió a la seguridad alimentaria como un enfoque más amplio e integrador de la problemática.

Una oferta adecuada de alimentos a nivel local no implica necesariamente que todas las personas tengan una ingesta adecuada y por lo tanto no garantiza la inexistencia de hambre en los hogares. En primer lugar, las desigualdades de ingresos explican las grandes diferencias en el acceso a los alimentos. Por ejemplo, dado su alto precio podría ser inaccesible para los más humildes. En segundo lugar, los hogares más pobres no tienen acceso a instalaciones apropiadas para el mantenimiento del alimento (ej. heladeras), utensilios de cocina, y agua potable, ni a servicios médicos o de educación, lo que limita las posibilidades de tener una alimentación adecuada. Por eso con relación a esta problemática resulta habitual hablar de "seguridad alimentaria[49]" que es un concepto más amplio que el del "hambre". La "seguridad alimentaria" en un país o región se consigue cuando todas las personas, en todo momento, tienen acceso físico y económico a suficiente alimento, inocuo y nutritivo, para

---

[48] Estado fisiológico anormal debido a un consumo insuficiente, desequilibrado o excesivo de macronutrientes o micronutrientes. La malnutrición incluye la desnutrición y la hipernutrición, así como las carencias de micronutrientes

[49] En la literatura algunos autores hablan de un concepto alternativo, el de la "soberanía alimentaria", entendida como el derecho de los pueblos a definir sus propias políticas y estrategias sustentables de producción, distribución y consumo de alimentos que garanticen el derecho a la alimentación para toda la población, con base en la pequeña y mediana producción, respetando sus propias culturas y la diversidad de los modos campesinos, pesqueros e indígenas de producción agropecuaria, de comercialización y de gestión de los espacios rurales, en los cuales la mujer desempeña un papel fundamental (Conclusiones del Foro Mundial sobre Soberanía Alimentaria. La Habana, Cuba, Septiembre 2001)

satisfacer sus necesidades alimenticias y sus preferencias, con el objeto de llevar una vida activa y sana.

Después definió las cuatro dimensiones principales vinculadas con este concepto:

a) *Disponibilidad de alimentos: aborda la parte correspondiente a la "oferta" dentro del tema de seguridad alimentaria y es función del nivel de producción de alimentos, los niveles de las existencias y el comercio neto.*

b) *Acceso físico y económico a los mismos: el acceso a los alimentos depende de las condiciones del mercado y los precios de los alimentos, así como del poder adquisitivo de las personas. La preocupación acerca de una insuficiencia en el acceso a los alimentos ha conducido al diseño de políticas con mayor enfoque en materia de ingresos y gastos, para alcanzar los objetivos de seguridad alimentaria.*

c) *Utilización de los alimentos: normalmente se entiende como la forma en la que el cuerpo aprovecha los diversos nutrientes presentes en los alimentos. La higiene y el saneamiento, la calidad del agua, las prácticas de cuidado de la salud, y la calidad e inocuidad de los alimentos son todos elementos que determinan el buen aprovechamiento de los alimentos por parte del cuerpo.*

d) *Estabilidad a lo largo del tiempo: incluso en el caso de que su ingesta de alimentos sea adecuada en la actualidad, se considera que no se goza de completa seguridad alimentaria si no se tiene asegurado el debido acceso a los alimentos de manera periódica, porque la falta de tal acceso representa un riesgo para la condición nutricional.*

Finalmente, se refirió a la metodología[50] para medir la inseguridad alimentaria.

La FAO determinar niveles de gravedad de la inseguridad alimentaria a través de una encuesta que incluye ocho preguntas.

---

[50] La escala de experiencia de inseguridad alimentaria. Preguntas frecuentes. Disponible en: http://www.fao.org/3/a-bl354s.pdf

Durante los últimos 12 meses, ha habido algún momento en que, por falta de dinero u otros recursos:

1. Se haya preocupado por no tener suficientes alimentos para comer
2. No haya podido comer alimentos sanos o nutritivos
3. Haya comido poca variedad de alimentos
4. Haya tenido que saltarse una comida
5. Haya comido menos de lo que pensaba que debía comer
6. Su hogar se haya quedado sin alimentos
7. Haya sentido hambre, pero no comió
8. Haya dejado de comer durante todo un día

El número de respuestas afirmativas permite clasificar a los encuestados en categorías de gravedad de inseguridad alimentaria.

Inseguridad alimentaria leve → **Inseguridad alimentaria grave**

| Incertidumbre acerca de la capacidad de obtener alimentos | Se reducen la calidad y variedad de los alimentos | Se reduce la cantidad de alimentos, se saltan comidas | Se experimenta hambre |

Una persona que fotografiaba con su teléfono la dispositiva en pantalla me distrajo por un momento de la presentación. Recordé un artículo que había leído sobre los beneficios de tomar apuntes a mano en comparación con hacerlo a través de un ordenador. Los que tomaban notas manuscritas tendían a retener una mayor cantidad de información que los segundos y además desarrollaban una mejor capacidad para la síntesis y selección de lo importante. Pensaba que opinarían los autores del artículo sobre esta nueva metodología para la toma de apuntes.

El segundo expositor que contemplaba la agenda del día también venía de la FAO y se referiría a la metodología que aplicaban para poder medir el hambre.

La FAO basa la medición del hambre en los diferentes países en la proporción de personas subalimentadas respecto del total de la población, conocida también como prevalencia de la subalimentación. Vale remarcar que el indicador se basa en una definición estricta de "hambre" considerando únicamente afecciones crónicas relacionadas con una ingestión inadecuada de energía alimentaria y no con la calidad y cantidad de nutrientes incluidos en los mismos, asociados a otras problemáticas como la malnutrición.

La estimación de la prevalencia de la subalimentación en un país, se basa en establecer el consumo de alimentos de un individuo promedio, expresado en términos energéticos, y compararlo con las necesidades mínimas de energía para que él mismo se considere sano. Se asume que la proporción de la población con un consumo de alimentos inferior a esas necesidades energéticas mínimas está subalimentada.

Los treinta minutos siguientes fueron dedicados a explicar en detalle la metodología. Registre todo lo que pude, consciente de que requeriría el apoyo de un tercero para entender algunos de los conceptos matemáticos que fueron planteados. Por suerte, recordé que ese día por la noche vendría Joseph a cenar a casa. Descontaba que los aspectos matemáticos que yo no pude seguir de la explicación serían simples para él. La reunión continuaría por el resto del día y los dos subsiguientes. Esa tarde me fui a casa con cierto optimismo tras escuchar que, en parte gracias a los Objetivos de Desarrollo del Milenio, la proporción de personas subalimentadas en las regiones en desarrollo había descendido a casi la mitad desde 1990.

Cuando esa noche mi invitado llegó, Evi ya tenía el pollo en el horno y yo lo esperaba sentado en la mesa con dos copas de vino y los apuntes que había tomado ese día en el evento de la FAO. Joseph tomo una hoja, dibujo el gráfico de una distribución de probabilidades normal logarítmica e inició su explicación.

La aplicación de la metodología, de la FAO para estimar la subalimentación requiere conocer el consumo medio del alimento y la variabilidad en el acceso al mismo en la población. Esa información se utiliza para estimar los parámetros poblacionales de una distribución de probabilidades (log-normal) para el consumo de energía alimentaria. Posteriormente, a partir de la estimación del requerimiento mínimo de energía alimentaria para esa población se puede estimar la probabilidad de que una persona elegida aleatoriamente consuma una cantidad de calorías inferior a la que necesita para llevar una vida activa y sana, es decir la prevalencia de la subalimentación (el porcentaje de la población subalimentada).

Lo interrumpí para recordarle que no hablaba chino y le imploré hiciera un esfuerzo adicional para explicarlo en castellano. Joseph pensó un rato y retomó su exposición.

Lo ideal sería determinar la subalimentación a nivel individual comparando las necesidades energéticas de la persona con el aporte energético individual, lo cual permitiría clasificar a cada miembro de la población como alimentado o subalimentado. Como obtener este tipo de información en la mayor parte de los países resulta altamente costoso y prácticamente imposible, la solución adoptada por la FAO ha consistido en estimar la prevalencia de la subalimentación en relación con el conjunto de la población, resumiéndolo por medio de una persona representativa.

Como ya dijimos que en términos prácticos resulta imposible contabilizar las calorías que ingiere en su alimentación cada persona de la población, el consumo medio de energía alimentaria per cápita de una población se estima a partir dividir la cantidad de alimento disponible para el consumo humano[51] en el país por la

---

[51] El alimento disponible para el consumo humano se estima a partir de las hojas de balance de la FAO que incluyen las fuentes de suministro y utilización de

cantidad de habitantes. Como obviamente no toda la población consume la misma cantidad de alimento (por diversas razones incluyendo el sexo, edad, capacidad de compra, etc.) se establece un rango posible de consumos que claro incluye al valor medio que habíamos estimado. Finalmente dentro de ese rango de consumos posibles, se establece un requerimiento mínimo de energía alimentaria[52] que se considera suficiente para satisfacer las necesidades de una persona sana. Cualquiera que ingiera menor cantidad de energía alimentaria que ese valor mínimo está en situación de subalimentación.

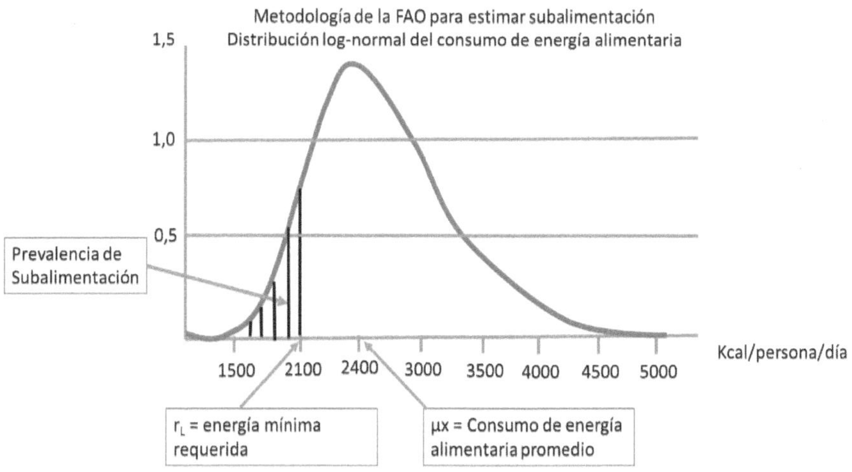

Para ponerlo en términos numéricos, supongamos que el consumo medio de energía alimentaria en una población dada es de 2400 kilocarías/día/persona, que el rango de consumos va desde 1000 a 5000 kilocarías/día/persona y que el requerimiento mínimo de energía alimentaria es de 2100 kilocarías/día/persona. A partir de estos datos, utilizando herramientas estadísticas[53], puedo estimar

---

alimento en cada país a lo largo de un año. El suministro equivale a la cantidad total de alimentos producida en un país, ajustada por la importada, la exportada, la elaborada para otros destinos no alimenticios y las pérdidas.

[52] En relación con el conjunto de la población, las necesidades mínimas de energía equivalen al promedio ponderado de las necesidades de los distintos grupos de edad/sexo.

la probabilidad de que una persona consuma una cantidad de calorías inferior a la que necesita para llevar una vida activa y sana. Finalmente, la estimación del número de personas subalimentadas se obtiene multiplicando esa probabilidad de estar subalimentado por el tamaño de la población de referencia.

A escala global el número absoluto de personas subalimentadas en 2017 era de 820 millones, esto es más del 10% de la población mundial. África es el continente con mayor prevalencia de la subalimentación, que afecta a casi el 21% de la población (más de 256 millones de personas).

Mi mujer nos interrumpió para avisarnos que el pollo estaba listo hacía ya un rato y que a menos que lo quisiéramos de postre con el helado deberíamos pensar en levantar la sesión de trabajo. Pasamos una hermosa velada donde hubo oportunidad de hablar de una infinidad de temas incluyendo uno que me resultó particularmente curioso, la contribución de los insectos a la seguridad alimentaria mundial. Según había leído Joseph en un informe de la FAO, la entomofagia, es decir el consumo de insectos por los seres humanos, tendría una multiplicidad de beneficios, incluyendo la posibilidad de adquirir proteínas y nutrientes de alta calidad. Así mismo, los insectos serían importantes como complemento alimenticio para los niños desnutridos porque la mayor parte de las especies contienen niveles elevados de ácidos grasos (comparables con el pescado), son ricos en fibra y micronutrientes. La entomofagia se practica en muchos países del mundo, complementando la dieta de aproximadamente dos mil millones de personas principalmente en regiones de Asia, África y América Latina.

A la mañana siguiente, recibía una carta desde la sede de la FAO en Roma invitándome a participar de un evento sobre agricultura sostenible y bosques, dos temas que desde luego consideraba importantes para la agenda del desarrollo sostenible. Enseguida confirmé mi presencia y le

---

[53] Es decir, estimando los parámetros de una distribución de probabilidades apropiada para el consumo de energía alimentaria.

pedí a mi asistente se encargará de los preparativos del viaje rumbo a Italia, incluyendo una escala en Ginebra, donde había convenido encontrarme con mi padre. Un par de días después mientras partía hacia Suiza, pensaba que la última vez que lo había visto lo acababan de nombrar Director de la oficina regional de la Organización Internacional del Trabajo (OIT).

6. Empleo

El edificio de la Organización Internacional del Trabajo[54] distaba un par de kilómetros del aeropuerto internacional de Ginebra. Allí habíamos coordinado el encuentro con mi padre, en el marco de un evento titulado "El mundo del trabajo en el 2030" que lo tendría a él como uno de los expositores principales.

Arribé al lugar con la primera presentación ya en marcha. El panelista en el podio presentaba estadísticas globales asociadas al mundo del trabajo.

> *En el presente, más de 1000 millones de personas en edad de trabajar, la mayoría de ellas mujeres, no son parte de la fuerza de trabajo[55]. Entre los que sí lo son, unos 200 millones están desempleados, incluidos 75 millones de jóvenes (menores de 25 años). En los próximos 10 años será necesario crear otros 600 millones de puestos de trabajo en todo el mundo para mantener estables las tasas de empleo y seguir el ritmo del crecimiento demográfico.*

> *No toda la población de un país constituye su fuerza de trabajo, ya que no todos están en capacidad de trabajar o no todos lo desean. Consecuentemente se puede dividir a la población en dos grupos: a) los que están en edad de trabajar; y b) los que no tienen edad suficiente, son demasiado jóvenes, para trabajar y consecuentemente no forman parte de la fuerza de trabajo o población activa de un país. De los que están en edad de trabajar, no todos desean hacerlo. Algunas personas deciden dedicarse a su hogar, a estudiar u otras actividades. Estas personas pueden tener edad para trabajar, pero no desean hacerlo, así que tampoco*

---

[54] Es un organismo de las Naciones Unidas, con sede principal en Ginebra, que se ocupa de los asuntos relativos al trabajo y las relaciones laborales.
[55] La fuerza laboral de un país, así como la cantidad de ocupados, desocupados y subocupados habitualmente se estima partir de encuestas regulares sobre una muestra de la población.

forman parte de la fuerza de trabajo. Finalmente, los miembros de la población que están en edad de trabajar y además desean hacerlo conforman la población económicamente activa o fuerza de trabajo. Esta se puede dividir a su vez en dos grupos: ocupados y desocupados[56].

Los ocupados son aquellas personas que trabajaron por lo menos una hora en la semana referencia o que, aunque no hubieran trabajado tenían un empleo del cual estuvieron ausentes por razones circunstanciales como enfermedades o vacaciones. Por otro lado, los desocupados son todas aquellas personas dentro de la fuerza de trabajo que estaban sin trabajo, pero querían tenerlo y habían tomado medidas concretas durante las últimas cinco semanas para buscarlo.

La siguiente diapositiva mostraba ejemplos de casos de personas desocupadas, inactivas, ocupadas o subocupadas.

- *Las personas que no tienen trabajo, pero lo buscan activamente están desocupadas. Ejemplo: Francisco perdió su empleo hace dos meses y está buscando trabajo desde entonces, respondiendo avisos del diario y dejando currículos en agencias. Francisco es un ejemplo clásico de desocupado.*

- *Las personas que no tienen trabajo ni lo buscan activamente están inactivas. Ejemplo, Lucas tiene veinte años y está en la universidad. Sólo estudia, ve televisión, y va al club a jugar al fútbol. Manifiesta al encuestador que no va a trabajar hasta que termine sus estudios. Lucas es un inactivo típico porque a pesar de estar en edad de trabajar, no lo hace y tampoco busca hacerlo.*

- *Las personas que trabajan están ocupadas. Ejemplo: Daniela es empleada de un banco donde trabaja de lunes a viernes, 8 horas por día. Daniela es un ejemplo típico de persona ocupada.*

---

[56] Estas definiciones pueden diferir dependiendo del país. Aquí se consideran las que se aplican en la República Argentina.

- *Dentro de la categoría ocupado el subempleo se determina comparando la situación de empleo actual[57] de una persona con una situación alternativa de empleo, es decir, una situación de empleo que los trabajadores desean y están disponibles para desempeñar. Ejemplo: Alicia se recibió recientemente de psicóloga y ha destinado algunos días de la semana a entregar currículos en empresas y a entrevistarse en agencias de trabajo para procurar un empleo estable de tiempo completo, vinculado con su profesión. Durante el fin de semana trabaja ocho horas desgravando clases para distintas cátedras de la facultad con el propósito de solventar sus gastos personales. Alicia está ocupada, a pesar de que está buscando activamente otro trabajo. Resulta clasificada en el grupo de los demandantes de empleo ocupados, específicamente como subocupada.*

El siguiente panelista prosiguió con la definición de *"trabajo decente"* como un concepto que busca expresar lo que debería ser, en el mundo globalizado, un buen trabajo o un empleo digno. Mencionó que para que un trabajo sea considerado decente[58], debe ser: 1) productivo; 2) justamente remunerado; 3) realizado en condiciones de libertad, equidad y seguridad; y 4) realizado con respeto a la dignidad humana. Remarcó que estos aspectos excluirían del término el trabajo forzoso y esclavo, así como el trabajo infantil.

Posteriormente se avocó a describir el efecto de la transición hacia una economía más verde sobre el mundo de trabajo.

Al menos la mitad de la fuerza de trabajo a nivel global, equivalente a 1.500 millones de personas, se verá afectada por la transición hacia una economía más verde. Si bien los cambios serán percibidos a través de toda la economía, se estima que son

---

[57] La población subocupada es aquella que trabaja menos de 35 horas semanales y busca activamente otra ocupación.

[58] Meta 8.5: Para 2030, lograr el empleo pleno y productivo y garantizar un trabajo decente para todos los hombres y mujeres, incluidos los jóvenes y las personas con discapacidad, y la igualdad de remuneración por trabajo de igual valor.

ocho los sectores que desempeñarán un papel central y que serán los más afectados: agricultura, silvicultura, pesca, energía, industria manufacturera, reciclaje, construcción y transporte.

Las consecuencias principales que tendrán las políticas para combatir el cambio climático en el mercado del trabajo consistirán en alterar la composición sectorial del empleo, lo que significa que las industrias relacionadas con los combustibles fósiles experimentarán las disminuciones más pronunciadas, mientras que los sectores vinculados a las energías renovables registrarán los aumentos más pronunciados. Decenas de millones de empleos ya han sido creados por esta transformación. Por ejemplo, el sector de la energía renovable emplea en la actualidad a más del doble del número de empleos del período 2006-2010. La eficiencia energética es otra fuente importante de empleos verdes, en particular en la industria de la construcción.

Ya en el cierre del día mi padre tuvo a su cargo la presentación principal que llevaba por título "Impactos del progreso tecnológico sobre el empleo".

La inquietud de la población por los efectos adversos de los cambios tecnológicos en el empleo, a medida que las máquinas sustituyen a las personas, tiene tras de sí una historia digna de ser recordada. A principios del siglo XIX, un grupo de artesanos textiles ingleses conocidos como "ludistas[59]" se amotinaron para destruir la maquinaria textil, destrozando los telares automatizados, ya que, según ellos, amenazaban con reducir el recurso a sus competencias. Por otro lado, otros ciudadanos británicos se beneficiaron por la introducción de los nuevos telares para cuyo manejo se contrataron operadores no calificados. Para los comerciantes el acceso a una producción de tejidos a mayor

---

[59] Fue tal su impacto que el término acabo acuñándose, y hoy, un "ludista" es alguien que teme a las nuevas tecnologías o se opone a ellas.

escala abrió nuevas oportunidades de negocio que tuvieron un efecto positivo en otros empleos de la cadena productiva.

El progreso tecnológico puede ocasionar el desplazamiento de la demanda de mano de obra de actividades "viejas" a actividades "nuevas", por lo que algunos trabajadores salen ganando y otros salen perdiendo. Citando un ejemplo más actual, la informatización ha reducido la demanda de trabajadores para puestos con un elevado componente rutinario. A medida que las computadoras se han hecho con las tareas rutinarias, han impulsado la demanda de trabajadores que desempeñan las tareas "no rutinarias" que complementan las actividades automatizadas. ¿Cuáles son estas tareas no-rutinarias? Pueden dividirse en dos grandes categorías que se sitúan en los límites opuestos de la clasificación de las competencias profesionales. En un extremo encontramos las llamadas tareas "abstractas", que requieren capacidad de resolución de problemas, intuición, persuasión y creatividad. Se trata de tareas características de ocupaciones profesionales, directivas, técnicas y creativas como el derecho, la medicina, las ciencias, la ingeniería, el marketing y el diseño. Los trabajadores más capacitados para dichas tareas suelen tener niveles altos de instrucción y de capacidad analítica, y las computadoras les ayudan a transmitir, organizar y procesar información. En el extremo opuesto del espectro de las competencias profesionales encontramos las llamadas "tareas manuales", que requieren adaptación situacional, reconocimiento visual y del lenguaje e interacción personal. Tareas como preparar una comida, llevar una bandeja entre una multitud de personas en movimiento o limpiar una habitación de hotel representan desafíos extremadamente complejos para la ingeniería de programación informática. Pero desde un punto de vista humano, estas tareas manuales son simples, requieren habilidades principalmente innatas como la destreza, una buena visión, el reconocimiento del lenguaje y tal vez algo de formación. La buena noticia para los trabajadores es que las personas pueden *desempeñar estas tareas, mientras que los robots no, y probablemente no puedan durante muchos años. La mala noticia es que las competencias necesarias para desempeñar estas tareas no escasean, lo que significa que, por lo general, las tareas con un elevado componente manual están mal remuneradas.*

Así pues, la informatización no está reduciendo la cantidad de puestos de trabajo, sino que está disminuyendo la calidad del empleo para un importante subgrupo de trabajadores. La demanda de trabajadores con un nivel de educación alto que destacan en tareas abstractas es considerable, pero el mercado de trabajo intermedio, aquel al que pertenecen las tareas con un componente rutinario elevado, está hundiéndose. Los trabajadores sin educación universitaria se concentran pues en empleos con un elevado componente manual, como la restauración, la limpieza o la seguridad, que son numerosos, pero están mal remunerados. La bifurcación de las oportunidades de empleo contribuye a un aumento histórico de la desigualdad en los ingresos. La buena fortuna de los trabajadores con un nivel de educación alto contrasta con la experiencia de los trabajadores con competencias medias que, cada vez más, pueden verse reemplazados por equipos informáticos mucho más baratos.

Tras el cierre formal de la jornada, a cargo de un alto funcionario de la OIT, mi padre me llevó a un restaurante cercano en el que solía cenar cuando estaba por allí. Durante la primera hora lo abrumé con preguntas sobre diversos aspectos tratados en el taller, a lo que el por supuesto respondió con la habitual solvencia de alguien que llevaba una vida dedicada al estudio de la temática laboral.

La tasa de desempleo se obtiene dividiendo el número de personas desocupadas sobre la población económicamente activa y representa la proporción de la fuerza de trabajo que se encuentra sin trabajo. Por otro lado, la tasa de empleo se refiere al cociente que resulta de la división del número de personas ocupadas sobre la población en edad de trabajar.

Después tomo una servilleta y escribió algunos números:

Población total (millones hab.)	*100*
Población en edad de trabajar (PET)	*70*
Población económicamente activa (PEA)	*50*
Ocupados	*45*
Desocupados	*5*
Población económicamente Inactiva (PEI)	*20*

Supongamos que en un país dado en el que habitan cien millones de personas, 70 millones están en edad de trabajar (PET), entre los cuales 50 millones desean trabajar (PEA). De estos últimos 45 están trabajando (ocupados) y los cinco restantes están buscando activamente trabajo (desocupados). Con estos números las tasas de desempleo y empleo[60] del país serían respectivamente de 10% y 64%.

Después continuó preguntándome si en mi opinión "desempleo" era lo contrario de "empleo". Tras responderle afirmativamente él me explicó la razón de mi equivocación, que por cierto aclaró era habitual entre el común de gente.

A primera vista el prefijo des- suele sugerir que la palabra que lleva ese prefijo es el antónimo de la que no lo lleva. En función de esto, desempleo debería ser lo contrario de empleo, pero en realidad no lo es[61]. De hecho, sería posible que aumente al mismo tiempo el número de empleados y desempleados. La razón está en que el número de puestos de trabajo no es fijo, como tampoco es fija la población activa. La creación de empleo sólo supone destrucción del desempleo cuando la población activa se incrementa en menor medida que el empleo. Del mismo modo, si se reduce la población activa pueden reducirse el empleo y el

---

[60] Tasa de desempleo = (Desocupados/PEA)*100 = (5/50)*100 =10%
 Tasa de empleo = (Ocupados/PET)*100 = (45/70)*100 = 64%
[61] Lo sería solamente en un mundo donde toda la población fuese población activa.

desempleo a la vez. Pongamos dos ejemplos para entenderlo mejor. En un momento de auge en un país puede crecer el empleo, y eso puede atraer el interés de un mayor número de personas por participar en los mercados de trabajo. Eso puede hacer que, por ejemplo, más estudiantes quieran compatibilizar su trabajo y sus estudios o que muchas personas que trabajan en las tareas de su hogar decidan participar en los mercados de trabajo. Si se crea más empleo del necesario para que todas estas personas encuentren trabajo, se reducirá el desempleo. Si el empleo creado no es suficiente como para cubrir ese nuevo interés de mayor número de personas por participar en los mercados de trabajo, se creará empleo al mismo tiempo que se incrementa el desempleo. Pero también puede suceder lo contrario, que en un momento de crisis haya mucha gente que decida dejar de participar en los mercados de trabajo de un país. Ese es el caso, por ejemplo, de las personas que deciden alargar sus estudios a tiempo completo o de quienes deciden dedicarse a trabajos no remunerados ante la situación de crisis. Si el número de esas personas es superior a la destrucción de empleo, entonces se puede reducir el desempleo en una situación de crisis con destrucción de empleo.

La cena continuó con mi padre hablando sobre su tema favorito, el trabajo. Cuando llego el postre, la conversación ya había virado a algo más terrenal, sus nietos y lo increíblemente rápido que estaban creciendo. Finalmente acordamos encontrarnos a la mañana siguiente para partir juntos rumbo al aeropuerto, yo con destino Roma y el Buenos Aires.

7. Bosques, biodiversidad y agricultura sostenible

Cuando llegue al aeropuerto Internacional Fiumicino una persona me esperaba con un cartel que llevaba impreso mi nombre. Me presenté, tomó mis maletas y nos dirigimos a un hotel cercano al lugar donde se desarrollaría la reunión. Después de descansar y desayunar estaba listo para empezar. Camine las tres cuadras que me separaban del edificio principal de la FAO en Roma y me registre en la puerta. Ya sentado en el salón del evento me dispuse a escuchar al primer expositor.

> *Históricamente, en la era anterior a los fertilizantes industriales, producir más alimentos significaba básicamente destinar más tierras a la agricultura. De esta manera la expansión agrícola fue en el pasado responsable de la perdida de una enorme superficie de bosques y otros sistemas naturales en Europa y lo es todavía en el presente en América del Sur, África y Oceanía.*

> *En los años 60, en el marco de la denominada "revolución verde", surge una nueva estrategia de producción basada en la disponibilidad de nuevas tecnologías en semillas, fertilizantes, pesticidas y maquinaria. A partir de ese momento el énfasis puesto en el aumento de la producción de alimentos cambió desde la expansión en la superficie hacia la intensificación, es decir, el aumento de la producción agrícola por unidad de superficie.*

Después profundizó sobre los efectos ambientales de la intensificación agrícola[62].

> *En los últimos veinticinco años se ha dado una reducción paulatina en la tasa de deforestación neta mundial, en más del cincuenta*

---

[62] Meta 2.4: Para 2030, asegurar la sostenibilidad de los sistemas de producción de alimentos y aplicar prácticas agrícolas resilientes que aumenten la productividad y la producción, contribuyan al mantenimiento de los ecosistemas, fortalezcan la capacidad de adaptación al cambio climático, los fenómenos meteorológicos extremos, las sequías, las inundaciones y otros desastres, y mejoren progresivamente la calidad del suelo y la tierra

por ciento, en parte gracias a la intensificación agrícola que requiere menos tierra para producir lo mismo. No obstante, no todo son buenas noticias. La intensificación también ha dado lugar a algunos resultados indeseables, incluyendo la pérdida de la diversidad genética[63], la contaminación con agroquímicos[64] y los procesos de degradación de los suelos.

La presentación siguió con un par de diapositivas referidas a la "erosión genética".

En el pasado los agricultores utilizaban diversas variedades de arroz o papa en un mismo campo o, incluso, sembraban diversos cultivos mezclados en sus parcelas. De esta forma, reducían los riesgos de heladas o plagas, porque al tener plantas con rasgos diferentes (alta diversidad) se incrementaba la posibilidad de adaptarse a la nueva situación. La pérdida o erosión de esta diversidad, a partir de la siembra de ejemplares cada vez más homogéneos entre sí, incrementa las posibilidades de que los cultivos se vean afectadas por cualquier alteración importante en el ambiente, como una inundación, ola de frío o sequía.

La agricultura moderna se basa en paquetes tecnológicos con semillas de plantas prácticamente iguales. El acelerado desarrollo de la biotecnología y su expansión mundial, ha venido contribuyendo al proceso de erosión genética o pérdida de genes. Según datos de la FAO, durante este siglo la diversidad genética

---

[63] Meta 2.5: Para 2020, mantener la diversidad genética de las semillas, las plantas cultivadas y los animales de granja y domesticados y sus especies silvestres conexas, entre otras cosas mediante una buena gestión y diversificación de los bancos de semillas y plantas a nivel nacional, regional e internacional, y promover el acceso a los beneficios que se deriven de la utilización de los recursos genéticos y los conocimientos tradicionales y su distribución justa y equitativa, como se ha convenido internacionalmente.

[64] La agricultura moderna tiene un mayor uso de agroquímicos que en algunas oportunidades se han asociado a procesos de intoxicación en los seres humanos o de contaminación de los cuerpos de agua a través de la eutrofización de los mismos.

de los cultivos se ha reducido 75%. La erosión de nuestros recursos genéticos, al igual que la perdida de especies, puede afectar gravemente a las futuras generaciones, privándolos de variantes de genes que confieren propiedades únicas y potencialmente útiles para el futuro de la humanidad.

A continuación se concentró en describir otras causantes de la pérdida de biodiversidad[65],

Además de la erosión genética, las principales causas de pérdida de biodiversidad son: la destrucción y fragmentación de los ecosistemas, la introducción de especies invasoras y el cambio climático.

La destrucción de hábitats naturales es un proceso muy vinculado a la deforestación[66] y el avance de la frontera agropecuaria. Muchas zonas boscosas se han transformando en zonas agrícolas. Algunas de las especies que vivían allí se extinguieron[67], entre otras, porque en el campo abierto resultaban presas fáciles de sus predadores. A veces antes de llegar al estado de destrucción total de un ambiente natural se atraviesa una etapa previa de fragmentación en la que va quedando reducido a parches o islas de menor tamaño más o menos conectadas. Para los seres vivos afectados, su hábitat natural pasa de ocupar extensas áreas ininterrumpidas, a quedar dividido en fragmentos aislados de menor extensión, que para algunas especies constituyen barreras infranqueables. Cuando un cierto número de individuos de una

---

[65] Resulta difícil exagerar la importancia que la biodiversidad tiene en la vida diaria de todos los seres humanos. Baste señalar que básicamente todos nosotros comemos biodiversidad, nos abrigamos con biodiversidad, nos curamos con biodiversidad y muchas cosas más.

[66] Meta 15.2: Para 2020, promover la gestión sostenible de todos los tipos de bosques, poner fin a la deforestación, recuperar los bosques degradados e incrementar la forestación y la reforestación a nivel mundial

[67] Meta 15.5: Adoptar medidas urgentes y significativas para reducir la degradación de los hábitats naturales, detener la pérdida de la diversidad biológica y, para 2020, proteger las especies amenazadas y evitar su extinción.

especie queda confinado en una pequeña porción de territorio, el peligro de extinción es mucho mayor.

La introducción de especies exóticas invasoras representa otra causa significativa de pérdida de biodiversidad a nivel mundial. Las exóticas invasoras son especies transportadas voluntaria o accidentalmente, que al ser introducidas fuera de su área de distribución natural, invaden el nuevo hábitat y amenazan la biodiversidad nativa al encontrar condiciones favorables para su propagación, como por ejemplo la ausencia de predadores naturales.

Finalmente, el proceso de cambio climático también tiene efectos notables sobre la biodiversidad, en tanto el cambio en los parámetros climáticos afecta la distribución y estado de un gran número de especies, pudiendo en algunos casos llevarlas a su extinción.

En él intervalo para tomar café me entretuve hablando con un geólogo de la Universidad de Leicester en Inglaterra. Me sorprendió saber que un grupo de científicos[68] había establecido que nos encontrábamos atravesando una nueva era geológica denominada el *"Antropoceno"*. En la misma, el hombre emerge como una nueva fuerza capaz de afectar los procesos fundamentales de la biosfera a través de la conjunción de dos fenómenos relacionados: el rápido crecimiento de la población humana y el incremento exponencial en el consumo de recursos. A ello, según me explicó, debíamos un sinfín de problemáticas globales incluyendo el cambio climático, la pérdida de biodiversidad, la desertificación y el agotamiento de la capa de ozono.

Cuando se reanudó la sesión, fue el turno de la "desertificación".

La desertificación es la degradación de las tierras en zonas áridas, semiáridas y subhúmedas secas resultantes de diversos factores tales como las variaciones climáticas y las actividades humanas.

---

[68] Entre otros, el premio Nobel de Química Paul Crutzen.

Implica la pérdida de productividad biológica o económica de los suelos por una combinación de procesos como la erosión y la disminución de la vegetación natural.

Entre las actividades humanas que influyen en la desertificación[69] pueden mencionarse: la falta del período de descanso del suelo, el sobrepastoreo, la deforestación y los sistemas de irrigación agrícola inapropiados.

En la agricultura intensiva muchas veces los suelos no tienen el descanso[70] ni la rotación de cultivos[71] necesaria, con lo cual se empobrecen con mayor rapidez. Por otro lado, los drenajes para recolectar agua y distribuirla a los cultivos que no se realizan adecuadamente provocan el aumento de sales en el suelo. Este proceso se conoce como salinización y es muy perjudicial para el crecimiento de la vegetación.

En el caso de la explotación ganadera, la sobrecarga de animales en un campo, deriva en que el pasto no sea suficiente para alimentarlos ocasionando que el ganado consuma no solo la cobertura vegetal superficial sino también sus raíces, afectando de esta manera la posibilidad de regeneración de la misma. La pérdida de árboles y otros tipos de vegetación, que retienen el suelo con sus raíces, también contribuye a la erosión del suelo.

---

[69] Meta 15.3: De aquí a 2030, luchar contra la desertificación, rehabilitar las tierras y los suelos degradados, incluidas las tierras afectadas por la desertificación, la sequía y las inundaciones, y procurar lograr un mundo con efecto neutro en la degradación del suelo.

[70] El descanso del suelo, consiste en dejar la tierra sin sembrar durante uno o varios ciclos vegetativos, con el propósito de recuperar y almacenar materia orgánica y humedad, además de evitar patógenos, esperando a que sus ciclos terminen sin poder volver a renovarse debido a la falta de hospederos disponibles.

[71] La rotación de cultivos consiste en alternar plantas de diferentes familias y con necesidades nutritivas distintos en un mismo lugar, evitando que el suelo se agote.

Al volver a Nueva York tenía previsto despejarme del trabajo y compartir un tiempo en familia, pero un llamado de mi padre interrumpió mi breve estadía en casa. Debía viajar rápidamente a Buenos Aires ya que finalmente, tras varios años, se había concretado la venta de un campo que habíamos heredado de mi abuelo.

Cuando aterricé en el aeropuerto Ministro Pistarini de Buenos Aires sentí la melancolía de volver a casa después de mucho tiempo. Era extraño que sintiera ello, porque prácticamente no había vivido allí de manera permanente, salvo los dos últimos años de mi educación primaria que coincidieron con el retorno de la democracia al país y con ello nuestra vuelta al mismo. Había pasado muchos más años de mi vida en México, primero y luego en los Estados Unidos. No obstante, mis tíos y primos, por los que guardaba un enorme cariño, siguieron viviendo en Argentina y quizás fuera ese el motivo principal de mi alegría al arribar. Después de compartir un asado y ponerme al día con las novedades de la familia programamos con mi padre el viaje a Chaco, una provincia en el norte del país donde estaba ubicada la estancia de mi difunto abuelo. Decidimos ir en automóvil, con lo cual debimos manejar siete horas cada uno antes de llegar al destino. Hacía por lo menos quince años que no estábamos por allí y los dos nos sorprendimos de los cambios. El paisaje boscoso que recordábamos había sido reemplazado por un mar uniforme de plantaciones de soja del cual surgían unas pequeñas islas de bosque remanente y otras pocas de cultivos de algodón.

En el almacén del pueblo, nos cruzamos con Roberto, un vecino de nuestro campo que había vivido allí desde siempre. Nos comentó que aún trabajaba como peón en una estancia vecina y según averiguaría mi padre después, sin seguridad social ni aportes jubilatorios. No era precisamente lo que la Organización Internacional del Trabajo denominaba un "trabajo decente" pero era el único empleo al que había podido acceder para alimentar a su numerosa familia.

Roberto, se levantaba todos los días a las cuatro de la mañana y partía con tres de sus hijos hacia la plantación de algodón. Hasta el año pasado, en las épocas de mayor trabajo hacían una jornada de catorce horas con media hora de descanso. Al final del día volvía extenuado a casa con la paga habitual en el bolsillo, el equivalente a un dólar norteamericano. Gastaba prácticamente todo su ingreso en el almacén del pueblo, en general, en pan y porotos que era la base fundamental de la alimentación de su familia.

A pesar de su precaria situación, a partir de una reciente inspección del gobierno, sus condiciones laborales habían mejorado. El patrón había sido multado porque la jornada laboral era excesivamente larga y la paga muy baja. Además, fue intimado a hacer los aportes sociales correspondientes. Roberto, en principio se había alegrado mucho, pero después se enojó cuando el inspector le dijo que dos de sus hijos no tenían la edad[72] mínima para poder trabajar y le informaron que si persistía en llevarlos se verían obligados a iniciar acciones legales contra él.

Por la tarde, nos reunimos en la casa del escribano, el único que había en el pueblo, y concretamos la venta del campo de mis abuelos. Durante la noche y antes de emprender la vuelta a Buenos Aires tuve tiempo para tomar un par de notas.

> *El cultivo de soja se introdujo en la Argentina en los años sesenta y se fue expandiendo gradualmente desde la región pampeana hacia el norte del país. Gracia a ello, Argentina se convirtió en el primer exportador a nivel mundial de aceites y harinas proteicas de soja. No obstante, el "boom" de la soja no fue gratuito para el ambiente, ya que el avance de la frontera agrícola promovido por este cultivo, ha sido uno de los principales responsables de la perdida de bosques nativos en la región norte del país. En términos sociales, también tuvo efectos negativos, en tanto la concentración en la producción (en grandes "pools de siembra")*

---

[72] Meta 8.7: Adoptar medidas inmediatas y eficaces para erradicar el trabajo forzoso, poner fin a las formas modernas de esclavitud y la trata de seres humanos y asegurar la prohibición y eliminación de las peores formas de trabajo infantil, incluidos el reclutamiento y la utilización de niños soldados, y, a más tardar en 2025, poner fin al trabajo infantil en todas sus formas.

*terminó haciendo desaparecer a los pequeños agricultores muchos
de los cuales debieron emigrar a las ciudades.*

Me preocupaba la problemática social que había generado la
intensificación de la actividad agrícola en la región, sobre todo en
personas como Roberto.

*Bajo la definición de línea de pobreza del Banco Mundial, Roberto
estaba en la pobreza extrema ya que sus ingresos eran inferiores a
1,90 dólares/día. En la estadística era uno más de los casi
ochocientos millones de personas en el mundo que estaban en una
situación similar.*

*Sin bien no podía asegurar por completo que Roberto y su familia
pasaran hambre tenía la sospecha casi cierta de que así era.
Paradójicamente el área donde vivían era una de las principales
zonas productoras de alimento en el país. El problema era que,
dado que la mayor parte de la producción se destinaba a la
exportación, el precio de venta local estaba supeditado al que lo
vendían afuera, con lo cual para los pobladores locales resultaba
prácticamente inaccesible.*

El éxodo del campo a la ciudad había sido notable en esa región de
Argentina. Los grandes pools de siembra habían eliminado al pequeño
campesino y obligado a muchos a partir en busca de otros destinos.

*En 2007, por primera vez en la historia de la humanidad, la
población urbana mundial superó a la rural y el mundo se hizo
predominantemente urbano. Este hito es consecuencia del rápido
proceso de urbanización que ha tenido lugar durante los últimos
sesenta años. En 1950, el 70% de la población mundial habitaba
en áreas rurales y el 30% restante lo hacía en asentamientos
urbanos. En el presente más de la mitad de la población mundial
es urbana. A futuro se proyecta que el fenómeno de traslado del
campo a la ciudad se profundice. Se espera que en 2050 la*

distribución de la población se haya invertido con respecto a un siglo antes: solo un tercio del mundo será rural.

Ya de vuelta en Buenos Aires un llamado de mi madre acompañado de una escena de celos por mi presencia allí con su ex esposo, mientras ella hacía meses reclamaba mi presencia, me llevo a tomar la decisión de hacer una breve escala para visitarla en mi camino de regreso a Nueva York.   Durante los años de exilio en México mis padres se habían separado. Con la democracia él había vuelto al país, pero mi madre había permanecido en México donde se había doctorado en sociología en el Colegio de México. En el presente era una reconocida investigadora en la temática de género de la Facultad Latinoamericana de Ciencias Sociales y tenía el reconocimiento de haber dirigido el primer diplomado en género y políticas públicas en el país.

8. Genero

Una vez aterrizado en el aeropuerto internacional Benito Juárez de la Ciudad de México y tras pasar la aduana mi madre me esperaba con su sonrisa habitual. De allí fuimos directamente a cenar a un lugar de comida típica. Mientras disfrutaba de mi platillo favorito, pollo con mole, ella me leía parte de la introducción de su nuevo libro *"Mujer, gobierno y sociedad civil"* que desarrollaba diferentes aspectos de la cuestión de género, su especialidad:

Cuando hablamos de las diferencias entre mujeres y hombres es necesario hablar de dos conceptos que con frecuencia suelen confundirse: sexo y género.

Aunque en ocasiones los términos sexo y género suelen usarse como sinónimos, el concepto de sexo se refiere a las diferencias y características biológicas, anatómicas, fisiológicas y cromosómicas de los seres humanos que los definen como hombres o mujeres; son características con las que se nace, universales e inmodificables. En cambio, el género es el conjunto de ideas, comportamientos y atribuciones que una sociedad dada considera apropiados para cada sexo. Este conjunto de ideas es cambiante y transformable. Para mencionar un ejemplo de ello, no es lo mismo ser mujer o hombre en esta época y en este país en la actualidad a lo que fue serlo a inicios del siglo XX.

Es importante entender que históricamente a los cuerpos, en razón de su sexo, se les ha asignado un papel particular que deben cumplir, asociado directamente al género; así, a las personas que nacen con un cuerpo de hembra se les ha exigido ser mujeres y a las personas que nacen con un cuerpo de macho se les ha exigido ser hombres. De esta manera se entiende por qué las personas han considerado naturales ciertas construcciones que obedecen al plano cultural; es decir, la forma en que se ha considerado que se nace siendo mujer y se nace siendo hombre, sin tener la comprensión de que esto obedece a los aprendizajes que se construyen y se estructuran en los diferentes espacios sociales, como la escuela y la familia, entre otros, y no necesariamente corresponde al sexo con el que se nace.

La igualdad de género parte del reconocimiento de que históricamente las mujeres han sido discriminadas y es necesario llevar a cabo acciones que eliminen la desigualdad histórica y acorten las brechas entre mujeres y hombres. La igualdad de género no significa que hombres y mujeres deban ser tratados como idénticos, sino que el acceso a oportunidades y el ejercicio de los derechos no dependan del género de las personas.

Un ejemplo de medida para promover la igualdad de género en el ámbito político[73] es el establecimiento de "cuotas de género" en los cargos de elección y representación popular. Dado que

---

[73] Meta 5.5: Asegurar la participación plena y efectiva de las mujeres y la igualdad de oportunidades de liderazgo a todos los niveles decisorios en la vida política, económica y pública.

Llegado el momento del café, la charla derivó en algo mucho más personal y trascendente para mí que todo lo que aprendí de ella esa noche, un hecho que significaría un cambio rotundo en nuestras vidas. El caso, es que hacía tiempo que ella venía notando ciertos olvidos que se volvían cada vez más frecuentes y eso la había llevado a consultar un neurólogo. El mismo, luego de haberle realizado una serie de exámenes incluyendo una tomografía computada, la había citado para el día siguiente en su consultorio. Le aclare que por supuesto la acompañaría e intenté tranquilizarla diciéndole que probablemente los olvidos habrían sido producto del estrés y exceso de trabajo al que estaba sometida. Ya en la cama antes de dormirme reflexionaba preocupado sobre algo que hacía tiempo percibía estaba mal con ella.

Cuando entramos al consultorio el doctor ya nos esperaba sentado en una mesa con un par de sillas. Nos informó que los exámenes mostraban indicios de una debilidad cognitiva de tipo medio que suele anteceder al Alzhéimer. Al escuchar esta última palabra note la preocupación instantánea en el rostro de mi madre que se replicó también en el mío.

El doctor continuó explicando, con la indiferencia de alguien acostumbrado a trasmitir malas noticias, que la enfermedad de Alzheimer, la causa más común de demencia, era un tipo de degeneración

---

[74] Desde el establecimiento de la Plataforma de Acción de Beijing para el empoderamiento de la mujer, la proporción promedio a nivel mundial de mujeres en el parlamento se ha duplicado.

progresiva de la estructura y el funcionamiento del cerebro que obedecía tanto a causantes genéticos como ambientales. Finalmente nos informó que para confirmar el diagnóstico sería necesario hacer una nueva serie de test que llevarían adelante en las próximas semanas.

En el viaje de vuelta a casa hubo pocas palabras. De más está decir que esa noche me costó mucho dormir, tanto como tener que despedirme de mi mama al día siguiente para volver a Nueva York. Cuando llegué a casa lo primero que hice fue abrazar a mi esposa a quien ya le había adelantado por teléfono la situación. Hablar con mi mujer me tranquilizo y me convenció que no valía la pena adelantarse y lo mejor era esperar el resultado de los test y a partir de allí eventualmente empezar a planificar una estrategia para encarar la enfermedad de mi madre y los cuidados que a futuro debería tener.

Un par de días después, aunque todavía consternado por la noticia de mi madre, ya estaba en preparativos para un nuevo viaje hacia la India, donde me reuniría con el presidente del Grupo Intergubernamental de Expertos sobre el Cambio Climático (IPCC, por sus siglas en inglés), Rajendra Pachauri. Previo a mi partida recibí un llamado sorpresivo de Banki-moon, en persona, solicitándome visitara un centro de refugiados en Grecia donde debía entrevistarme con personal de la Agencia de la ONU para refugiados (ACNUR). Después de ello, mi asistente se encargó de incorporar en mi plan de viaje una escala allí y de facilitarme el informe más reciente de la ONU sobre el estado de situación de los refugiados.

La migración es un aspecto fundamental del desarrollo. La Organización Internacional para las Migraciones (OIM) define al migrante como cualquier persona que se traslada o se ha trasladado, cruzando una frontera internacional o dentro de un Estado, a un lugar alejado de su lugar de residencia habitual, independientemente de (1) el estatus jurídico de la persona; (2) si el movimiento es voluntario o involuntario; (3) cuáles sean las causas del movimiento; o (4) cuál sea la duración de la estadía.

Si bien la mayoría de los refugiados son migrantes, con arreglo a las definiciones anteriores, debe tenerse en cuenta que los refugiados se rigen por un marco legal distinto. La Convención de 1951 sobre el Estatuto de los Refugiados y su Protocolo de 1967 definen a un refugiado como a cualquier persona que "debido a un temor fundado a ser perseguido por motivos de raza, religión, nacionalidad, pertenencia a un grupo social particular u opiniones políticas, está fuera del país de su nacionalidad y no puede o, debido a ese temor, no está dispuesto a acogerse a la protección de ese país."

Llegado a Atenas hice la conexión para un vuelo doméstico con destino a la isla de Lesbos. Esta paradisíaca isla griega, era uno de los principales puntos de ingreso de refugiados sirios y de otros países vecinos, que llegaban desde Turquía, situada a solo una decena de kilómetros de distancia.

Al llegar al centro de refugiados me entreviste primero con un representante de ACNUR el organismo de las Naciones Unidas encargado de proteger a los refugiados y desplazados por conflictos y promover su reasentamiento. El me habló sobre la situación de tensión creciente en los centros de refugiados en la isla debido a las precarias instalaciones en las que debía vivir la gente y de la resistencia cada vez mayor de los habitantes de Lesbos a recibir nuevos refugiados.

También mantuve una reunión con un militar que había participado de las operaciones que los cascos azules tenían en marcha en Siria. Los cascos azules constituyen el personal militar[75] de las Naciones Unidas sobre el terreno, teniendo entre sus tareas la de vigilar y observar los procesos de paz después de un conflicto así como la de ofrecer seguridad y protección a civiles. Él fue quien me presentó a Najla una joven Siria que había llegado una semana atrás al centro de refugiados.

---

[75] Todo el personal militar que trabaja como casco azul es, en primer lugar, miembro de su propio ejército nacional y posteriormente adscrito a trabajar con la ONU.

Najla, tuvo la desgracia de nacer en un país absolutamente desagarrado y destruido por la guerra, en donde era común ver gente armada, incluso mujeres llevando niños a la par del arma en la espalda. La ciudad donde vivía estaba dividida en barrios por medio de puestos militares de control, en los que usualmente se guardaban largas colas para los registros.

Además del impacto tan traumático que tenía la guerra existían otros problemas adicionales para las mujeres en su país. Algunas eran obligadas a casarse a muy temprana edad o contra su voluntad, mientras que otras, con peor suerte, eran víctimas de la trata y la prostitución. Además muchas, aún hoy en día sufrían en su infancia de prácticas de mutilación de los genitales[76].

> *La mutilación genital femenina comprende todos los procedimientos consistentes en la resección parcial o total de los genitales externos femeninos, así como otras lesiones de los órganos genitales femeninos por motivos no médicos. Estos procedimientos no aportan ningún beneficio a la salud de las mujeres y niñas. Por el contrario, pueden producir hemorragias graves y problemas urinarios, y más tarde pueden causar quistes, infecciones, infertilidad, complicaciones del parto y aumento del riesgo de muerte del recién nacido. Las causas de la mutilación obedecen a una diversidad de factores incluyendo los culturales, religiosos y sociales. Más de 200 millones de mujeres y niñas son en el presente objeto de la mutilación genital femenina en países de África, Oriente Medio y Asia donde se concentra esta práctica. En 2010, la Organización Mundial de la Salud, en colaboración con otros organismos de las Naciones Unidas y organizaciones internacionales, hizo pública una estrategia mundial destinada a impedir que el personal de salud practicase la mutilación genital femenina. Posteriormente en diciembre de 2012 la Asamblea General de las Naciones Unidas aprobó una resolución relativa a la eliminación esta práctica.*

---

[76] Meta 5.3: Eliminar todas las prácticas nocivas, como el matrimonio infantil, precoz y forzado y la mutilación genital femenina.

Najla nunca tuvo la oportunidad de asistir a la escuela, desde pequeña estuvo condenada a ayudar a la madre en las tareas del hogar. Cuando cumplió los catorce años el padre le informó que había arreglado su casamiento con un señor que la triplicaba en edad. Unos pocos días antes de la boda se fugó de la casa. De camión en camión logró llegar al puerto de Dikili en Turquía donde se embarcó conjuntamente con otras personas que venían escapando de la guerra. Pasaron varios días a la deriva en una lancha precaria hasta que fueron rescatados por un barco[77] y llevados a un centro de refugiados de las Naciones Unidas.

Durante la noche en el hotel, mis notas intentaron capturar algunos de los aspectos más destacados de las entrevistas realizadas.

Los conflictos armados han obligado a millones de personas a abandonar sus hogares. Para fines de 2014, casi 60 millones de personas fueron desplazadas por la fuerza en todo el mundo. Este es el nivel más alto registrado desde la Segunda Guerra Mundial. Si estas personas fueran una nación, comprenderían el 24º país más grande del mundo. Los tres países principales que generaron el mayor número de refugiados para fines de 2014 fueron la República Árabe Siria, Afganistán y Somalia.

Turquía, es el principal país desde donde parten las embarcaciones con inmigrantes de Siria y de otros lugares de Medio Oriente y África. En los puertos se han establecido redes mafiosas que se aprovechan de la desesperación de los refugiados. Los simsar (mafiosos) visitan los hoteles de mala muerte de la costa para ofrecer sus servicios a los sirios entregando una tarjeta con su teléfono. Así se reservan las plazas de los barcos. En la oscuridad de la madrugada, para burlar a la policía, los llevarán hacia las playas donde los embarcan y los dejan partir solos ante el Egeo en una travesía que muchas veces termina en tragedia. Aunque con

---

[77] Meta 10.7: Facilitar la migración y la movilidad ordenadas, seguras, regulares y responsables de las personas, incluso mediante la aplicación de políticas migratorias planificadas y bien gestionadas.

Estaba exhausto, por lo que decidí continuar con mis anotaciones al día siguiente. Mientras cenaba recordé que por estos días finalizaba la batería de test que le tomarían a mi madre para confirmar el diagnóstico preliminar del Alzheimer. Saqué mi teléfono y me dispuse a buscar en qué consistían. El primer resultado de la lista en Google lo ocupaba el examen de los desórdenes cognitivos (CODEX, por sus siglas en inglés).

Al día siguiente partía rumbo hacia el Aeropuerto Internacional Indira Gandhi en la India, donde Pachauri me esperaba para hablar sobre cambio climático.

9. Cambio climático

El encuentro se dio en Nueva Delhi. Él estaba allí para participar de una reunión de trabajo del Grupo Intergubernamental de Expertos sobre el Cambio Climático (IPCC) el cual en ese momento presidía. El Grupo había sido creado en 1988 con el objeto de facilitar evaluaciones integrales del estado de los conocimientos científicos, técnicos y socioeconómicos sobre el cambio climático, sus causas, posibles repercusiones y estrategias de respuesta. En 2007, el IPCC, conjuntamente con el exvicepresidente de los Estados Unidos de América, Al Gore, había recibido el premio nobel de la paz por su labor en materia de cambio climático. En la justificación del otorgamiento del premio, el Comité Nobel identificó a la problemática del cambio climático, como una de las que a futuro, conllevaría mayores amenazas para la humanidad, pues potencialmente podía ser responsable de migraciones a gran escala y una mayor competencia por los recursos naturales que eventualmente podrían derivar en conflictos armados entre países.

A Pachauri, lo había conocido varios años antes, mientras yo cursaba un posgrado en la escuela de derecho de la Universidad de Yale. En aquel entonces él dirigía allí el Instituto de Clima y Energía. Después de darnos un afectuoso abrazo, nos sentamos en la mesa de un bar donde permaneceríamos por el resto de la tarde.

Tras mi primera pregunta comenzó introduciendo los conceptos de calentamiento global y cambio climático.

> *La liberación de emisiones de Gases Efecto Invernadero (GEI) se ha ido acelerando con los años. Este fenómeno ha sido responsable en gran medida[78] del calentamiento global, es decir, el incremento en la temperatura promedio de la superficie del planeta. El cambio*

---

[78] Según consta en los informes del Grupo Intergubernamental sobre el Cambio Climático (IPCC, por sus siglas en inglés) el calentamiento observado responde tanto a causas naturales como antropogénicas, siendo más importante el efecto de estas últimas a partir de 1950.

climático es un proceso asociado a este calentamiento, que implica alteraciones además de en la temperatura, en otras variables como el viento y las precipitaciones. Todo este conjunto de cambios en el clima, se ven reflejados en una serie de impactos a nivel global como el retroceso de los glaciares, la elevación en el nivel de mar[79] y el incremento en la intensidad y frecuencia de sequías e inundaciones.

Volviendo sobre los gases efecto invernadero[80] (GEI), se denominan de esa manera, porque producen un efecto similar a los techos de vidrio de los invernaderos, que mantienen una temperatura agradable aun en invierno. Tanto es así, que si no fuera por estos gases, la temperatura promedio de la superficie del planeta, de los 15 °C que tiene en la actualidad, sería 33 °C inferior, es decir de 18 °C bajo cero.

Lo cierto es que a partir de la revolución industrial y como consecuencia de la actividad humana la emisión de estos gases está en aumento. El mayor volumen de emisiones de dióxido de carbono proviene de la quema de combustibles fósiles, entre otras, en las actividades del transporte y la generación de energía. La deforestación también es una fuente importante de emisiones de este gas, sobre todo en países tropicales en desarrollo. A las emisiones de dióxido de carbono le siguen en importancia las emisiones de metano y las de óxido nitroso, vinculadas principalmente a las actividades del campo.

Además de la cantidad de emisiones es importante considerar el potencial de calentamiento global de los gases (GWP, por sus siglas en inglés), que de manera simplificada, constituye una

---

[79] La elevación en el nivel del mar tiene dos explicaciones principales: la expansión térmica del agua (el agua caliente ocupa más espacio que el agua fría) y el derretimiento de los mantos de hielo sobre tierra firme en Groenlandia y la Antártida. Se prevé una elevación media del nivel del mar de entre 24 y 30 cm para 2065 y entre 40 y 63 cm para 2100.

[80] Los tres principales son el dióxido de carbono, el metano y el óxido nitroso.

medida de que tan dañinos resultan ser en cuanto a su contribución al calentamiento. Se toma como gas de referencia al dióxido de carbono al cual se le asigna un potencial equivalente a uno y se compara a todos los demás gases con relación a este. Por ejemplo, el metano tiene un potencial de 21, es decir, que emitir una tonelada de este gas a la atmósfera tiene un efecto equivalente, en términos de calentamiento, a emitir 21 toneladas de dióxido de carbono.

Después le pregunté cuáles eran los factores clave que explicaban el patrón de emisiones observado en las últimas décadas,

A nivel mundial, según el IPCC, el crecimiento económico y el demográfico continúan siendo los motores más importantes de los aumentos en las emisiones de dióxido de carbono derivadas de la quema de combustibles fósiles. Entre 2000 y 2010, las emisiones asociadas a ambos factores fueron superiores a las reducciones en las emisiones derivadas de las mejoras en la intensidad energética.

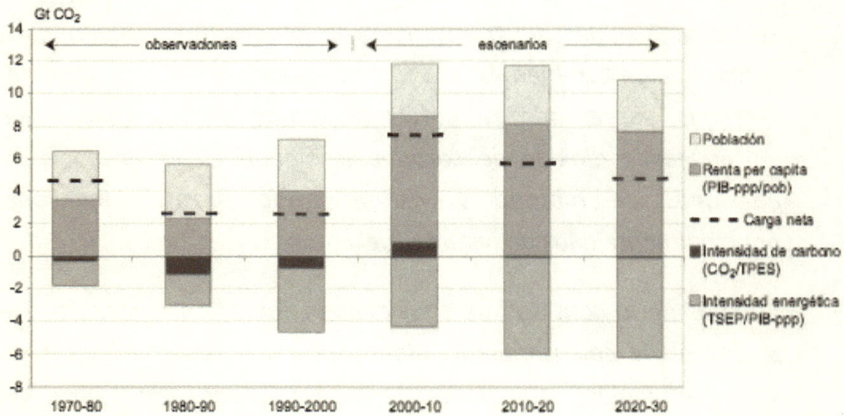

El gráfico[81] muestra los aportes individuales a las emisiones de CO2 relativas a la energía procedentes de cambios en la población, renta per cápita, intensidad energética e intensidad de carbono.

---

[81] Incluido en el Informe del Grupo de Trabajo III del IPCC (2007)

Siguió con un ejemplo numérico para clarificar los conceptos,

Después dio más precisiones sobre el nivel actual de las emisiones y la metodología utilizada para contabilizarlas.

Las emisiones de la última década fueron las más altas en la historia de la humanidad rondando a nivel mundial las 50 Gton CO2eq/año[82]. De este volumen, aproximadamente el 35% corresponden al sector energético, el 24% a la agricultura, silvicultura y otros usos del suelo, el 18% a la industria, el 14% al transporte, el 6% a la edificación y el 3% a los residuos. Estados Unidos y China, representan juntos cerca del 40% de las emisiones globales anuales de GEI a la atmósfera.

Los países contabilizan en sus inventarios nacionales de GEI las emisiones y capturas de estos gases, originadas por fuentes y sumideros localizados al interior de sus fronteras, siguiendo lo que se denomina un enfoque "basado en la producción[83]". Una cuestión a tener en cuenta es que las emisiones derivadas del transporte aéreo y marítimo internacional, no son atribuidas al país en los inventarios nacionales[84], eso ha derivado que se hayan incrementado de manera notable y que hoy estén bajo consideración mecanismos para su control[85].

Los datos de actividad y factores de emisión son la información básica para llevar a cabo el cálculo del inventario. Los primeros dan cuenta de la magnitud de las actividades humanas que dan lugar a las emisiones o absorciones que se producen durante un

---

[82] Giga toneladas (1×10^9 toneladas) de dióxido de carbono equivalente. El término "CO2eq" se utiliza cuando se incluyen emisiones de otros gases (por ejemplo, metano) que han sido transformados en "equivalentes" de CO2 a través del uso de su potencial de calentamiento global.

[83] Aunque es menos usual, también es posible realizar inventarios siguiendo un enfoque "basado en el consumo". En este caso a las emisiones de GEIs asociadas a la producción doméstica de un país determinado se suman las de sus productos de importación y se restan las de los productos de exportación.

[84] Los combustibles de «bunkers» internacionales, en los que se incluyen los combustibles procedentes de las actividades de transporte internacional de la navegación y la aviación civil, se notifican por separado y se excluyen de los totales nacionales presentados en los inventarios de GEI.

[85] Por ejemplo, la Organización de la Aviación Civil Internacional (OACI) ha anunciado un acuerdo para limitar las emisiones de los vuelos internacionales con la implementación de un sistema de compensación de carbono.

período de tiempo determinado. En el sector energético, por ejemplo, la cantidad total de combustible utilizado es un dato de actividad necesario para calcular las emisiones del sector. Por otro lado, los factores de emisión son coeficientes que relacionan los datos de actividad con la cantidad del compuesto químico que constituye la fuente de las emisiones. Por ejemplo, el factor de emisión del gasoil, es función de la cantidad de emisiones por unidad de energía contenida en el gasoil y está asociado al contenido de carbono del mismo.

Para complementar la explicación nuevamente recurrió a un ejemplo numérico.

Supongamos que las emisiones de un país determinado se explican a partir de solo tres fuentes principales: generación de electricidad, producción ganadera y deforestación. Entonces si se cuenta con los datos de actividad y factores de emisión para estos sectores se pueden estimar el volumen de emisiones que corresponde a cada uno de ellos.

	Nivel de actividad	Factor de emisión	Emisiones
Electricidad	250 000 (MWh/año)	0,5 ton (CO2/MWh)	125 000 (ton CO2)
Ganadería	1 000 000 (cabezas de ganado)	0,05 (ton CH4/ vaca)	50 000 (ton CH4)
Deforestación	10 000 (ha/año)	100 (ton CO2/ ha)	1 000 000 (ton CO2)

*Antes de sumar las emisiones de cada sector para obtener el total del país se deben convertir las emisiones de metano de la ganadería en emisiones de CO2eq utilizando su potencial de calentamiento global (21). Emisiones de la Ganadería = 50 000 * 21 = 1 050 000 ton CO2e*

Tras una breve interrupción para pedir un nuevo café, Pachauri retomó su exposición hablando sobre el desacoplamiento.

El desacoplamiento entre el crecimiento económico y el de las emisiones de un país, es un elemento clave en su camino hacia la sostenibilidad. En ciertos casos, se puede explicar a partir de producir los mismos bienes (o productos que cumplan la misma función) con tecnologías menos contaminantes. Otras veces el fenómeno de desacoplamiento se origina en procesos que no necesariamente representan caminos de desarrollo sostenible, como la tercerización hacia otros países de las actividades económicas más emisoras. Por ejemplo, los países que incrementan la participación en la economía de los servicios en detrimento de las actividades de producción primaria (agricultura, ganadería, etc.) pueden lograr desacoplar el crecimiento de las emisiones del de su economía. No obstante, si consideramos que la demanda de productos primarios pasa a satisfacerse a través de la importación de la producción de los mismos en otros países, es muy probable que las emisiones de estos últimos se incrementen para satisfacer la nueva demanda, con lo cual más que desacople existe una transferencia de la contabilidad de las emisiones de un país a otro.

Posteriormente le pregunté por la proyección que el IPCC hacía sobre el patrón de emisiones GEI a futuro.

En cuanto a las emisiones a futuro y los cambios de temperatura asociados a las mismas, en el informe más reciente del IPCC se establecen cuatro escenarios posibles[86]. El escenario "RCP8.5" representa la tendencia actual ("business as usual", por sus siglas

---

[86] Denominados "Trayectorias de Concentración Representativas" o RCP, por sus siglas en inglés.

en inglés) que podría resultar en un aumento de la temperatura alrededor de los 5°C. En contraposición a este último, el "RCP2.6" incorpora medidas de mitigación que logran mantener el calentamiento por debajo de los 2ºC. Entre estos extremos el IPCC incluye dos escenarios adicionales de características intermedias.

Si la humanidad siguiera el camino del escenario RCP8.5 en lugar del que mantiene el calentamiento por debajo de los 2ºC (RCP2.6), los impactos negativos del cambio climático serían mucho peores. Por ejemplo, el aumento del nivel del mar para el año 2100 sería aproximadamente dos tercios más alto, la pérdida de permafrost sería el doble y no habría esperanza para el hielo marino del Ártico y probablemente el de Groenlandia.

Las emisiones globales de GEI en el periodo 2011-2100 consistentes con un aumento de la temperatura que resulte inferior a 2ºC con respecto a su nivel preindustrial son del orden de 1000 giga toneladas de dióxido de carbono equivalente (GtCO2eq). Este valor, representa el "presupuesto global de emisiones", es decir la cantidad máxima de emisiones que el hombre podría liberar a la atmósfera hasta el 2100 para cumplir con la meta de que el incremento en la temperatura no supere los 2ºC[87].

Pachauri remarcó que cumplir con ese presupuesto requeriría de grandes esfuerzos para reducir emisiones en todos los países.

Las medidas de mitigación del cambio climático tienen como objetivo reducir las emisiones de GEI a la atmósfera y capturar el dióxido de carbono que ha sido previamente emitido. Incluyen, entre otras, la eficiencia energética, la sustitución de energías basadas en fósiles por renovables, la reducción de la deforestación y el incremento de la forestación.

---

[87] El Informe Especial 1.5 del IPCC estima el presupuesto de carbono restante para lograr limitar el calentamiento a 1,5 °C con una probabilidad de 50% en 580 Gt CO2. Para una probabilidad de 66% el monto se reduce a 420 Gt CO2.

Para hacer frente a la problemática de emisiones crecientes, además de las medidas de mitigación mencionadas, algunos países están implementando mecanismos de mercado como el Sistema de Comercio de Emisiones de la Unión Europea. El mismo incluye el establecimiento de límites sobre las emisiones de dióxido de carbono de las centrales termoeléctricas. Estos límites se materializan a través del otorgamiento de una cantidad limitada de permisos de emisión a cada central. De esta manera, las que logran reducir sus emisiones por debajo del límite establecido (es decir sus emisiones están por debajo de los permisos obtenidos), tienen la posibilidad de vender en el mercado el excedente a otras centrales que no lograron reducir lo suficiente. En teoría en el conjunto de centrales termoeléctricas, considerando las que redujeron en exceso y por defecto, se lograría cumplir con la meta[88] de emisiones establecida y lo más importante, a un menor costo que sin la posibilidad de comercializar las reducciones excedentes.

Por tercera vez, el presidente del IPCC, recurrió a un esclarecedor ejemplo numérico,

Parar ilustrar el funcionamiento de un sistema de comercio de emisiones, consideremos un caso simple con solo dos empresas: A y B. Supongamos que cada una de ellas emite 100 toneladas de dióxido de carbono al año y que el gobierno del país donde operan les asigna individualmente derechos de emisión por un total de 95 toneladas, por lo que tienen que buscar el modo de reducir un exceso de 5 toneladas. Para saldar el exceso las empresas pueden elegir entre implementar tecnologías en sus instalaciones para reducir sus emisiones 5 toneladas o comprar 5 derechos de emisión (es decir una licencia para emitir cinco toneladas de dióxido de carbono a la atmósfera) en el mercado. Supongamos que los costos de reducir una tonelada mediante mejoras

---

[88] El Protocolo de Kioto, del que seguramente escucho hablar, también incluía la posibilidad de comercializar derechos de emisión para cumplir con metas, en ese caso a nivel de los países.

tecnológicas en la empresa A y B son respectivamente, 5 y 15 pesos y que el precio de mercado de los derechos es de 10 pesos. La empresa A calcula que reducir sus emisiones en instalación le cuesta[89] 25 pesos. Por otro lado a la empresa B reducir sus emisiones le cuesta 75 pesos. En este escenario, a la empresa A le conviene más reducir emisiones en sus instalaciones (25 pesos) que comprar los derechos en el mercado (50 pesos). Incluso, decide aprovechar la oportunidad de negocio para reducir sus emisiones en diez toneladas (cinco más de las requeridas) y vender el excedente en el mercado, cumpliendo de esta manera con el límite de emisiones establecido sin gastar un solo peso[90]. Por otro lado, a la empresa B le conviene más comprar los derechos en el mercado (50 pesos) que reducir las cinco toneladas en sus instalaciones (75 pesos). Con lo cual la existencia del sistema de comercio de derechos de emisión le permite cumplir con el límite establecido, gastando 25 pesos menos que si no existiera. Vale aclarar en este punto, que el objetivo del gobierno (reducir 10 toneladas en total) se cumplió, aunque las reducciones las hizo solo una empresa. El hecho de que la reducción de emisiones solo ocurra en A no tiene ninguna importancia ambiental, mientras que se trate de gases que se mezclan uniformemente en la atmósfera y no tienen ningún efecto local tóxico, como es el caso de los GEI. Por otro lado, desde el punto de vista de las empresas que siempre están buscando reducir costos, se logró cumplir con la meta de una manera costo-efectiva.

Para terminar, se refirió a la inercia climática y la necesidad de implementar medidas de adaptación al cambio climático,

Es necesario remarcar que los gases efecto invernadero permanecen por largo tiempo en la atmósfera, y considerando que el ajuste térmico del sistema climático a los mismos es lento, es de

---

[89] 5 toneladas * 5 pesos/tonelada = 25 pesos
[90] 50 pesos gastados en reducir las 10 toneladas − 50 pesos obtenidos por la venta de 5 toneladas al valor de mercado de 10 pesos/tonelada.

esperar que la temperatura continúe aumentando en las próximas décadas aún y cuando logremos una drástica e inmediata disminución de las emisiones. Debido a este motivo, además de las medidas de mitigación, los países deberán implementar medidas de adaptación[91] de la infraestructura y en general de los sistemas socioeconómicos a un nuevo escenario climático. La diversidad de medidas factibles de implementar, incluye el establecimiento de sistemas de alerta temprana frente a eventos climáticos extremos, el ordenamiento ambiental del territorio, la actualización de los códigos de edificación urbanos, la implementación de infraestructura resiliente, la generación de corredores biológicos, la forestación, el desarrollo de nuevas variedades agrícolas resistentes a sequías, la promoción de tecnologías eficientes en el uso del agua y la energía, etc.

Existen diversos trabajos sobre los costos de los impactos del cambio climático y de las medidas de mitigación y adaptación para hacerles frente. Uno de los más conocidos, es el informe sobre la economía del cambio climático coordinado por Nicholas Stern en el 2006. El mismo, concluye que los beneficios de acciones enérgicas y tempranas en mitigación y adaptación superan con creces los costes económicos de la inacción[92].

Eran ya las siete de la tarde cuando me despedí de Pachauri, no sin antes agradecerle por su tiempo y buena predisposición para ilustrarme en el tema. Tenía el día siguiente libre y pensaba dedicarlo a continuar mi trabajo de campo en base a entrevistas de gente común que vivía a diario las problemáticas que incumbían a los ODS. Durante la noche en la cama

---

[91] Meta 13.1: Fortalecer la resiliencia y la capacidad de adaptación a los riesgos relacionados con el clima y los desastres naturales en todos los países.

[92] El informe afirma que se necesita una inversión equivalente al 1% del PIB mundial (aunque en una revisión posterior elevó este cálculo al 2%) para mitigar los efectos del cambio climático y que de no hacerse dicha inversión el mundo se expondría a una pérdida permanente de al menos el 5% del PIB global, pudiendo alcanzar el 20%

me dispuse a continuar con la lectura del libro sobre el sistema de castas en la India que había adquirido especialmente para el viaje.

Si bien el sistema de castas indio quedó abolido con la Constitución de 1950, aún hoy en día esta jerarquización se traduce en discriminaciones, violencia y desigualdades. De forma simple, podemos decir que se trata de un sistema de organización social apoyado en conceptos religiosos que asigna a cada individuo una función en el entramado social de por vida. Así, en este sistema cerrado de estratificación, el estatus de una persona viene definido por la casta en la que ha nacido. Entre los1.200 millones de habitantes de la India, solo una minoría pertenece a la casta más alta, la de los brahmanes. En el lado opuesto, los dalits (los intocables), con muchos más integrantes, constituye la casta que enfrenta los mayores niveles de discriminación y violencia. Las castas juegan un papel fundamental a la hora de relacionarse y encontrar trabajo. Por ejemplo, las mujeres dalits históricamente han tenido a su cargo las actividades más denigrantes como la limpieza de letrinas y remoción de excrementos humanos. En muchas de las aldeas estos 'intocables' tienen restricciones para acceder a las fuentes de agua comunes, la posibilidad de comprar en algunas tiendas e ingresar en templos.

A la mañana siguiente luego de desayunar, me dirigí hacia la zona más humilde de Nueva Delhi, donde miles de personas subsistían en el medio de toneladas de basura que se depositaban diariamente en el lugar. En el hotel me habían dado el contacto de una persona que vivía allí y a cambio de una retribución monetaria había accedido a entrevistarse conmigo.

Al llegar al lugar pactado debo confesar que estaba algo asustado. Cuando baje del auto que me llevaba, que solo acepto ir allí porque le había duplicado la tarifa habitual, le pedí me esperara en la puerta. La zona estaba compuesta de centenares de viviendas precarias y calles polvorientas repletas de gente a lo largo del perímetro de un gran basural[93].

---

[93] Meta 11.6: De aquí a 2030, reducir el impacto ambiental negativo per cápita de

No había cloacas, ni gas de red[94] y según pude averiguar, la mayoría de las viviendas estaban conectadas al sistema eléctrico de manera ilegal. Durante la noche, al caos diario, se sumaba la ausencia de alumbrado público, lo cual transformaba la zona en un lugar peligroso donde operaban bandas delictivas y pandillas. Las lluvias recurrentes transformaban las calles, en el mejor de los casos, en un barrial intransitable. Cuando eran muy intensas, directamente se convertían en arroyos por donde corría el agua que desbordaba de un río cercano. El Gobierno preocupado por la situación, que el último año ya tenía en la cuenta una decena de muertos[95], estaba elevando la altura de una muralla de contención que había sido construida en los 60s pero que evidentemente debido al cambio en el régimen de precipitaciones desde esa fecha requería su revisión y actualización.

La casa de Ranjit, mí entrevistado, estaba a medio construir. Allí vivía con su mujer y cuatro hijos. Se lo notaba consternado por la muerte reciente de su hermano. Lo llevaron al hospital, donde en principio le diagnosticaron una tuberculosis multi-resistente, probablemente asociada a su estado avanzado de infección con el virus de inmunodeficiencia humana (VIH). A pesar de la batería de antibióticos que le aplicaron no lograron salvarlo. Para colmo de males la última inundación que había sufrido en el barrio, había arruinado gran parte de sus pertenencias, con lo cual en el presente vivían en una situación de absoluta precariedad aún mayor a la que tenían habitualmente.

---

las ciudades, incluso prestando especial atención a la calidad del aire y la gestión de los desechos municipales y de otro tipo.

[94] Meta 11.1: De aquí a 2030, asegurar el acceso de todas las personas a viviendas y servicios básicos adecuados, seguros y asequibles y mejorar los barrios marginales.

[95] Meta 11.5: De aquí a 2030, reducir significativamente el número de muertes causadas por los desastres, incluidos los relacionados con el agua, y de personas afectadas por ellos, y reducir considerablemente las pérdidas económicas directas provocadas por los desastres en comparación con el producto interno bruto mundial, haciendo especial hincapié en la protección de los pobres y las personas en situaciones de vulnerabilidad.

Ranjit trabajaba de operario en una planta termoeléctrica en base a carbón. Era afortunado, ya que muchos de sus amigos estaban desempleados o vivían de changas ocasionales, cirujeando o pidiendo limosna. De cualquier manera, estaba preocupado ya que hacía tiempo se corría el rumor de que la planta cerraría, debido a que el precio del carbón se había incrementado por las nubes y además el gobierno había establecido un impuesto sobre las emisiones de carbono[96] que afectó sensiblemente los costos de la empresa.

La entrevista continuó por una hora más, tras lo cual el auto que me esperaba en la puerta me llevó nuevamente al hotel. Allí cómodamente sentado en el bar y previa consulta de algunos archivos en mi computadora, pasé en limpio mis apuntes para el informe.

> *Se estima que el número de personas infectadas con HIV a nivel mundial en 2013 rondaba los 35 millones. Algunos de ellos habían desarrollado el síndrome de inmunodeficiencia adquirida (SIDA) que es hoy la principal causa de muerte entre los adolescentes en África y la segunda más común entre los adolescentes a nivel mundial. La tuberculosis, a su vez, es la causa más importante de mortalidad entre las personas que padecen de SIDA. Con el paso del tiempo la bacteria causante de la tuberculosis se ha ido volviendo resistente a los antimicrobianos[97] utilizados habitualmente para tratar la enfermedad. Si bien el desarrollo de la resistencia a los antimicrobianos es un fenómeno natural, algunas actividades humanas ciertamente han acelerado su aparición y propagación. El uso inapropiado o incorrecto de los antimicrobianos, el uso de formulaciones ineficaces o la interrupción prematura del tratamiento pueden ser causa de*

---

[96] Algunos países han incorporado impuestos a las emisiones de carbono en sus políticas de lucha contra el cambio climático.

[97] El término "resistencia a los antimicrobianos" es más amplio que el de "resistencia a antibióticos" y comprende la resistencia a los fármacos utilizados para tratar infecciones causadas, además de las bacterias, por otros microorganismos, como protozoos (por ejemplo, el que causa el paludismo), virus (por ejemplo, el VIH) y hongos (por ejemplo, la cándida).

farmacorresistencia. La resistencia a antimicrobianos constituye una amenaza creciente para la salud pública mundial. Aunque la mayoría de los medicamentos son todavía activos, la sombra creciente de la resistencia significa que muchos de ellos pueden no serlo en poco tiempo. En el caso de la tuberculosis, la aparición de bacterias multiresistentes significó que la medicación habitual tuviera que ser reemplazada por otra que tenía un costo mucho mayor y que consecuentemente estaba fuera del alcance de los sectores más vulnerables de la población.

Después escribí sobre la problemática de las inundaciones, que según me había comentado Ranjit, eran cada vez más comunes y devastadoras en el barrio donde vivía.

Una gran parte de las muertes causadas por desastres naturales se deben a las inundaciones y desastres relacionados con el agua. La evidencia sugiere que el cambio climático ha incrementado, en muchos lugares, la magnitud y frecuencia de eventos meteorológicos y climáticos extremos como las lluvias torrenciales. Cualquier demora en la mitigación de los gases de efecto invernadero probablemente conllevará extremos climáticos más severos y frecuentes en el futuro y contribuirá a más pérdidas por desastres naturales. Aun sin tomar en cuenta el cambio climático, el riesgo de desastre continuará en aumento en muchos países a medida que más personas y bienes vulnerables estén expuestos a los eventos climáticos extremos. Conforme las ciudades se superpueblan y los espacios disponibles para viviendas se reducen, cada vez son más los pobres que se ven obligados a ocupar zonas que históricamente siempre tuvieron un alto riesgo de sufrir de inundaciones.

A raíz de los efectos cada vez más notorios y perjudiciales de los desastres, en 2005 la Conferencia Mundial sobre la Reducción de los Desastres desarrollada en Japón, aprobó el Marco de Acción de Hyogo. El mismo establece una serie de principios y acciones prioritarias para lograr la resiliencia de las comunidades vulnerables frente a los desastres. Como alguna vez mencionó el Ex Secretario General de las Naciones Unidas, Kofi Annan, *"No podemos evitar las calamidades naturales, pero sí debemos equipar a las personas y comunidades para que puedan resistirlas"*.

Antes de acostarme recibí un llamado de mi esposa, la mala noticia era que los resultados de los exámenes médicos de mamá no habían sido buenos, con lo cual se confirmaba el pre-diagnóstico de Alzheimer. Antes de dormirme, pasé un largo rato buscando información acerca de la enfermedad.

Se estima que en la actualidad alrededor de 47 millones de personas viven con demencia a nivel mundial. Este número se habrá casi duplicado para el 2030 y más que triplicado para el 2050. La enfermedad de Alzheimer, que es la causa de demencia más común, acapara aproximadamente un 70% de los casos. La alta prevalencia mundial y el impacto económico de la demencia en las familias, los cuidadores y las comunidades, así como el estigma y la exclusión social asociados, presentan un importante reto para la salud pública.

Una persona con la Enfermedad de Alzheimer al principio tiene dificultad con la memoria reciente o inmediata, organizando un calendario social, un viaje para las vacaciones, o coordinando una fiesta con una cena de varios platos diferentes. Más adelante en la evolución de la enfermedad, puede haber problemas con la memoria a largo plazo, con el humor, la apatía, inquietud, y la ejecución anormal de movimientos (ej. caminar de un lado a otro). Las personas afectadas tienen también problemas, usando los artefactos, en un principio, los más complicados como el coche y eventualmente hasta lo más simples como los utensilios de mesa.

A mi retorno a Nueva York me aboqué a ayudar a mi hijo en la preparación para un nuevo debate en el marco del Modelo de Naciones Unidas que esta vez tendría como eje central al cambio climático. Nuestra misión era defender la posición en el tema del Reino de Arabia Saudita, en representación del grupo de países productores de petróleo (OPEP).

Llegado el gran día accedimos al salón de actos del colegio y esperamos sentados con ansiedad el discurso de apertura por parte del presidente. El mismo incluyo una breve descripción de la historia de la negociación en el tema y los aspectos centrales sobre los que pretendía se concentrara el debate.

En la cumbre de la Tierra en Rio de Janeiro (1992) se aprueban cinco textos fundamentales, entre ellos, el que establece la Convención Marco de Naciones Unidas sobre el Cambio Climático (UNFCCC, por sus siglas en inglés). El objetivo último de esta Convención consiste en estabilizar la concentración de GEI a un nivel que prevenga las interferencias peligrosas con el sistema climático. En la definición de este objetivo es importante destacar que no se determinaron los niveles de concentración de los GEI que se consideran "interferencia antropógena peligrosa en el sistema climático", reconociéndose así que en aquel momento no existía certeza científica sobre qué se debía entender por niveles no peligrosos. La Convención tampoco logró establecer una asignación cuantitativa en términos de metas de emisión de GEI a cada Parte, como si logró hacerlo posteriormente, aunque solo para algunos países desarrollados el Protocolo de Kioto. El texto sugiere además el hecho de que el cambio del clima es algo ya inevitable por lo cual, no sólo deben abordarse acciones preventivas de mitigación (para frenar el cambio climático y sus causas), sino también de adaptación a las nuevas condiciones climáticas.

La Convención incluye varios principios fundamentales por los que se guían las Partes[98] que la integran, tales como el "principio de

---

[98] En la Convención las Partes se dividen en: a) Anexo I: incluyen las Partes que se clasifican como países desarrollados y "economías en transición "; b) Anexo II: estas Partes (que son un subgrupo del Anexo I) están formados por miembros de la Organización para la Cooperación y el Desarrollo Económicos (OCDE). Las

las responsabilidades comunes pero diferenciadas". El mismo, busca materializar la equidad a través de establecer una base común en la que todos los países tienen algún grado de participación en la generación del problema y por lo tanto deben implementar medidas para hacer frente al cambio climático. No obstante, no todos tienen el mismo nivel de responsabilidad, ya que históricamente los países desarrollados han emitido más gases efecto invernadero para construir sus economías que aquellos que están en desarrollo. Así mismo, los países tienen diferentes capacidades para llevar adelante medidas de mitigación y adaptación al cambio climático. Por esta razón, no se le puede exigir lo mismo a todos, sino que se debe estudiar caso a caso con base en su responsabilidad y su capacidad para garantizar la aplicación de la equidad en la Convención.

En 1997, los gobiernos que habían ratificado la Convención acordaron incorporar una adición al tratado, conocida con el nombre de Protocolo de Kioto, que cuenta con metas cuantitativas de limitación y reducción de emisiones para los países desarrollados que están incluidos en el Anexo B del Protocolo. En conjunto los países participantes se comprometieron a reducir sus emisiones en una media del 5% por debajo de los niveles de 1990. Las metas del primer periodo de compromiso para las Partes incluidas en el Anexo B se aplicaron durante los años 2008-2012. El Protocolo de Kioto nunca fue ratificado por algunas Partes (como los Estados Unidos[99]) e incluso luego de ser ratificado fue abandonado por otras como (Canadá). Estos hechos, sobre todo el primero, redujeron fuertemente las expectativas que el mundo tenía al respecto del rol clave de este instrumento para reducir las

---

Partes incluidas en el Anexo II son necesarias para proveer apoyo financiero y técnico a las economías en transición y los países en desarrollo; y c) No Anexo I: son las Partes que no figuran en el Anexo I de la Convención, son fundamentalmente los países en desarrollo.

[99] Esgrimiendo, entre otras razones, que la adopción del Protocolo dañaría sensiblemente la economía de su país.

emisiones globales. Posteriormente, en 2012, durante la Conferencia sobre el Cambio Climático en Doha, se acordó una enmienda al Anexo B del Protocolo que contiene una lista de las Partes que adoptan metas para un segundo periodo que iría del 2013 al 2020. De cualquier manera, vale destacar que esta modificación aún no ha entrado en vigor.

Si bien no se puede generalizar, comúnmente los países con mayor vulnerabilidad frente a los impactos del cambio climático, como las pequeñas islas que pueden desaparecer con el incremento del nivel de mar, tienden a tener una posición más proactiva hacia la adopción de metas con mayor volumen de reducción de emisiones. Por el contrario, países que presentan altos costos de abatimiento, es decir, sus opciones para reducir emisiones son costosas o sus economías dependen fuertemente de la venta de combustibles fósiles tienden a proponer metas de mitigación menos ambiciosas o incluso, en algunos casos, intentan dilatar o bloquear por completo el proceso de negociación.

El presidente luego destacó la vinculación entre comercio internacional y cambio climático como un eje central del debate.

Con las sucesivas negociaciones comerciales internacionales, los aranceles se han ido reduciendo y han perdido así su peso como instrumento de protección de los sectores productivos locales, en particular de los países desarrollados. Es así como al mismo tiempo que ello ocurría, comenzó a crecer el papel de las medidas no arancelarias. Algunos consideran que este conjunto de medidas denominado "proteccionismo ambiental o verde" está siendo utilizado de manera creciente como un argumento para limitar el comercio internacional[100]. Con el argumento legítimo de proteger el ambiente, en la práctica se utilizan medidas que restringen el

---

[100] Meta 17.10: Promover un sistema de comercio multilateral universal, basado en normas, abierto, no discriminatorio y equitativo en el marco de la Organización Mundial del Comercio, incluso mediante la conclusión de las negociaciones en el marco del Programa de Doha para el Desarrollo.

comercio y que no resultan las más efectivas para lograr el objetivo ambiental deseado. Por ejemplo, algunas de las medidas de respuesta comerciales, tales como los etiquetados referidos a la emisión de gases de efecto invernadero (huella de carbono[101]) han sido aplicadas por algunos países solo sobre productos agropecuarios y alimenticios, los que resultan, en muchos casos, las principales exportaciones de los países en desarrollo. Ello implica penalizar en mayor medida el comercio de estos países y, por ende, su desarrollo económico y social, lo que podría resultar inconsistente con el principio de responsabilidades comunes pero diferenciadas de la Convención. Además, por lo general, las medidas de respuesta relacionadas con el comercio se basan en las emisiones durante la etapa de producción y no durante la de consumo, por lo que no se toma en cuenta que una gran parte de las emisiones en los países en desarrollo se relaciona con las exportaciones que se hacen para satisfacer los patrones de consumo de los países desarrollados. En este sentido, quienes defienden estas medidas estarían sosteniendo que la responsabilidad corresponde al productor, mientras que los críticos sostienen que el importador también sería responsable por la emisión vinculada con sus importaciones.

El mecanismo propuesto para reducir las emisiones de la deforestación y degradación de bosques (REDD[102], por sus siglas en inglés), en el marco de la Convención sobre el Cambio Climático, también tuvo una mención en las palabras de apertura del Presidente.

El mecanismo REDD es una forma de pagar a los países en desarrollo para que conserven sus bosques[103] y de esta manera

---

[101] La huella de carbono de los productos hace referencia a la medición de las emisiones de gases de efecto invernadero resultantes de la producción de los bienes a lo largo de su ciclo de vida: producción, distribución, consumo y disposición final o reciclaje.

[102] En el presente se habla de REDD+ que incluye además de las actividades mencionadas, a la conservación de las reservas de carbono forestal, el manejo sostenible de los bosques y el aumento de las reservas de carbono forestal.

reducir la cantidad de emisiones de dióxido de carbono derivadas de la deforestación, que es una de las principales causas del calentamiento global. Estas cantidades de carbono que se dejarían de emitir se traducirían en lo que se conoce como créditos por "compensación de emisiones de carbono" (carbon-offset, en inglés). Estos créditos pueden ser vendidos a gobiernos o compañías que estén dispuestas a pagar por delegar en otros la reducción de sus emisiones de gases de invernadero. El dinero obtenido con la venta de esos créditos se invertiría en la protección de los bosques locales y en la mejora de la vida de las comunidades que habitan cerca de esos bosques. En última instancia, el objetivo es dar a la población local un incentivo para no cortar los árboles. Los proyectos REDD son la mejor oportunidad de reducir las emisiones de gases de invernadero de una manera inmediata y rentable y tienen un enorme potencial en países en desarrollo con altas tasas de deforestación como Brasil, Indonesia y el Congo.

Antes de iniciar, el Presidente describió los grupos de negociación que estarían participando del debate a través de la representación de uno o más estudiantes.

Los países en desarrollo usualmente negocian en conjunto las cuestiones más generales en el marco del Grupo de los setenta y siete (G77[104]) que fuera creado en 1964 en ocasión de la Conferencia de Naciones Unidas sobre Comercio y Desarrollo. Dado que el G77 está integrado por más de 130 países con contextos e intereses muy diferentes, usualmente las cuestiones más específicas se negocian en el marco de grupos más pequeños

---

[103] Los árboles y los suelos de los bosques almacenan grandes cantidades de carbono. Cuando los árboles son quemados para dejar libres tierras de cultivo, ese carbono se convierte en dióxido de carbono. Además, la destrucción de bosques reduce la capacidad del planeta para absorber el dióxido de carbono de la atmósfera.

[104] Dado el peso relativo de China en temas de cambio climático, el grupo se nomina actualmente "G77 + China".

que presentan mayor afinidad frente a ciertas temáticas, entre otros, el Grupo de los Estados Africanos, la Alianza de Pequeños Estados Insulares y el Grupo de los Países menos Desarrollados.

Los países desarrollados también han establecido sus grupos de negociación común. Por ejemplo, el grupo "Umbrella" es una coalición de países desarrollados que ha variado su composición a lo largo del tiempo incluyendo, entre otros, a la Federación Rusa, Japón y los Estados Unidos. El otro gran grupo de países desarrollados se encuadra bajo el bloque de la Unión Europea.

Dicho esto, el Presidente abrió el foro a los participantes remarcando que esperaba que las intervenciones contribuyeran a sentar las bases de un nuevo acuerdo mundial en la temática. El primer negociador en tomar la palabra fue un chico que hablaba en representación del G77 y China.

Gracias señor Presidente. En primer lugar, para nosotros cualquier acuerdo futuro en la temática de cambio climático debe respetar los principios básicos de la Convención, en especial el de las responsabilidades comunes pero diferenciadas. En este sentido, consideramos crucial que los países desarrollados lideren el proceso, incluyendo la provisión del financiamiento necesario y de manera sostenible para que nuestros países puedan llevar adelante su proceso de desarrollo a la par que reducen sus emisiones. Esta solicitud se fundamenta en un hecho reconocido, las primeras posiciones en el ranking de los países con mayores emisiones históricas[105] corresponden fundamentalmente a países desarrollados que lograron su crecimiento a expensas de la atmosfera. Ahora, con la excusa de reducir emisiones, algunos pretenden limitar nuestro crecimiento, hecho que de ninguna manera aceptaremos. No obstante, estamos dispuestos a seguir un camino diferente, el del desarrollo sostenible. Para ello requerimos del apoyo financiero internacional[106] proveniente

---

[105] Volumen acumulado de emisiones, por ejemplo, a lo largo de los últimos 50 años.

tanto del sector público como del privado. Adicionalmente, resulta necesaria la adopción de medidas que flexibilicen la protección de los derechos de propiedad intelectual (patentes) de manera que no limiten la disponibilidad[107], el uso y el desarrollo de las tecnologías. El G77 y China entiende que la transferencia de tecnología es un proceso que debería eventualmente permitir a nuestros países adaptar, innovar, y producir dichas tecnologías. Para clarificar permítanme citar un viejo proverbio chino:

> *"Dale a un hombre un pescado y se alimentará un día.*
>
> *Dale a un hombre una red de pesca y se alimentarán él y su familia mientras dure la red.*
>
> *Ayuda a un hombre a desarrollar los conocimientos y los medios necesarios para mejorar la red de pesca y diseñar y fabricar nuevas redes, y podrán alimentarse él y su comunidad durante años."*

Finalmente, quisiéramos destacar que para nosotros la adaptación al cambio climático tiene el mismo nivel de importancia que la mitigación de las emisiones y por lo tanto cualquier acuerdo futuro debería contemplar un equilibrio entre estos dos aspectos.

El siguiente negociador que habló, representaba a un conjunto de países desarrollados en el marco del grupo *"Umbrella"*.

---

[106] Meta 13.4: Cumplir el compromiso de los países desarrollados que son partes en la Convención Marco de las Naciones Unidas sobre el Cambio Climático de lograr para el año 2020 el objetivo de movilizar conjuntamente 100.000 millones de dólares anuales procedentes de todas las fuentes a fin de atender las necesidades de los países en desarrollo respecto de la adopción de medidas concretas de mitigación y la transparencia de su aplicación, y poner en pleno funcionamiento el Fondo Verde para el Clima capitalizándolo lo antes posible.

[107] Meta 17.7: Promover el desarrollo de tecnologías ecológicamente racionales y su transferencia, divulgación y difusión a los países en desarrollo en condiciones favorables, incluso en condiciones concesionarias y preferenciales, según lo convenido de mutuo acuerdo.

Sr. Presidente no podemos seguir con el argumento del pasado para buscar culpables. Reconocemos nuestro rol de liderar el proceso, pero no aceptaremos ser los únicos en adoptar metas cuantitativas para reducir las emisiones. En el presente varios países en desarrollo, entre otros China, tienen emisiones mucho mayores que gran parte de los países desarrollados. En consecuencia, cualquier esfuerzo a futuro debe comprender metas para los principales emisores independientemente de si son Partes Anexo I o No Anexo I en la Convención. Con respecto a la provisión de financiamiento, creemos que el mayor potencial está en las inversiones que puede llevar adelante el sector privado en el contexto de los "mercados de carbono" como en su momento ocurrió con el Mecanismo de Desarrollo Limpio[108] del Protocolo de Kioto. Para nosotros la transferencia de tecnología es dependiente del fortalecimiento de la innovación tecnológica a través de la protección de los derechos de propiedad intelectual, ya que de esta manera se crean incentivos para la inversión del sector privado en investigación y desarrollo. Creemos que los principales obstáculos a esta transferencia tecnológica están en las reglamentaciones débiles o poco claras, los elevados derechos aduaneros y la deficiente observancia de los derechos de patente. En este sentido, los países en desarrollo que pretendan ser receptores de tecnologías deberán promover la generación "entornos propicios" para las inversiones, es decir, una combinación de reglamentación razonable, infraestructura, derechos de propiedad, acceso al mercado y una administración transparente.

La siguiente intervención estuvo a cargo del representante de la Unión Europea,

---

[108] Uno de los tres mecanismos de flexibilidad que establecía el Protocolo de Kioto a partir del cual se potenciaron las inversiones privadas en tecnologías limpias a través del incentivo económico asociado a la venta en el mercado de la reducción de emisiones que se generaba tras implementar la tecnología en el marco de un proyecto MDL.

La Unión Europea es la única potencia hasta ahora en adoptar una decisión vinculante para reducir un 40% de sus emisiones en 2030 (respecto a los niveles de 1990) y un abastecimiento energético de al menos un 27% mediante fuentes renovables. Para lograr la meta, desde el 2005, tenemos en marcha el mercado de dióxido de carbono más ambicioso hasta la fecha. El sistema de comercio de emisiones de la Unión Europea (EU ETS, por sus siglas en inglés) cubre en los veintisiete Estados miembros, las emisiones de dióxido de carbono de una diversidad de actividades incluyendo, centrales térmicas, refinerías, coquerías, siderurgia, cemento, cerámica, vidrio y papeleras. Los participantes del EU ETS pueden reducir sus emisiones internamente (mediante recambio tecnológico, implementación de prácticas de eficiencia energética, etc.) o acudir al mercado, donde pueden comprar permisos de emisión.

Posteriormente el representante de los países que integran la Alianza de Pequeños Estados Insulares[109] se refirió a la amenaza que el incremento en el nivel del mar implicaba para la subsistencia de sus países.

Gracias su Excelencia. Para muchos países, la lucha contra el cambio climático tiene un componente económico o moral. Pero para las naciones insulares más pequeñas y frágiles es mucho más que eso. Es algo urgente, inaplazable, ya que literalmente, estamos desapareciendo. ¿Vamos a permitir más cambio climático, acaso no hemos sufrido ya bastante? Nosotros sostenemos que la única manera de contener el incremento en el nivel del mar es que la comunidad internacional se comprometa a limitar el incremento de la temperatura media global en a lo sumo 1.5 ºC con respecto al nivel preindustrial. Este es el requisito mínimo para que el cambio climático sea manejable y podamos afrontar sus catastróficas consecuencias.

---

[109] El mismo incluye a los países que potencialmente tienen mayor capacidad de ser afectados por el incremento del nivel del mar y consecuentemente sus posiciones en la búsqueda de soluciones suelen estar entre las más ambiciosas.

A continuación, le llegó el turno a mi hijo para exponer la visión de un conjunto de países productores de petróleo.

> *Quisiera comenzar resaltando el hecho que las economías de nuestros países son altamente dependientes de los ingresos generados por las exportaciones de petróleo y debido a ello las medidas de mitigación destinadas a reducir el uso de combustibles fósiles pueden afectar de manera notable nuestras posibilidades de desarrollo. Por este motivo es que solicitamos se otorgue especial consideración a los impactos de las políticas climáticas globales de mitigación sobre las economías de nuestros países y se tomen las medidas de adaptación necesarias para asegurar que el proceso de transformación de las mismas no atente contra nuestras posibilidades de lograr el desarrollo sostenible. Además, para nosotros el proceso de transformación debería basarse tanto en una mayor participación de las energías renovables, así como de las tecnologías de captura y almacenamiento de carbono[110] que permiten reducir las emisiones asociadas al uso de los combustibles fósiles.*

Siguió el representante de un país, cuya placa a la distancia no podía determinar, pero que por su discurso seguramente integraba el grupo de países en desarrollo.

> *Es un honor dirigirme[111] a los Delegados de las Partes de la Convención Marco de las Naciones Unidas sobre el Cambio Climático. Todos los países a medida que profundizan sus investigaciones empiezan a encontrar sus propias vulnerabilidades*

---

[110] Las tecnologías de captura y almacenamiento de carbono consisten en la separación del CO_2 emitido por la industria y fuentes relacionadas con la energía, su transporte a un lugar de almacenamiento y su aislamiento de la atmósfera a largo plazo. Debido a su elevado costo, muy pocos países las han implementado.

[111] Extraído del discurso del expresidente Néstor Kirchner en la COP10 sobre cambio climático (2004).

y a descubrir la magnitud de las dificultades que habrán de enfrentar, sólo que algunos, precisamente los que corresponden a las sociedades más evolucionadas, tienen muchos más recursos de capital y tecnológicos para hacer frente a los efectos adversos del cambio climático. Además, a diferencia de los países en desarrollo, no están sometidos a la carga de la deuda externa ni deben hacer frente a las demandas de sociedades que tienen pendientes formidables reparaciones. Es que los países en desarrollo tienen como prioridad el asegurar a sus ciudadanos la salud, el trabajo y el acceso a los servicios básicos y no siempre lo están logrando. En este contexto, ningún acuerdo destinado a darle un horizonte de largo plazo al régimen climático será apropiado si fracasa la incorporación de mecanismos para compartir equitativamente las cargas que resulten de los esfuerzos de mitigación y de adaptación que se deberán materializar. Si superponemos el mapa mundial de la pobreza y el endeudamiento financiero de los países con el mapa mundial de la ubicación de las mayores extensiones de activos ambientales que aportan al mantenimiento de la biodiversidad, es fácil advertir su coincidencia. Del mismo modo, si superponemos el mapa de los acreedores financieros con el de los países que mayor contribución realizan a la degradación que produce el calentamiento global, encontraríamos simétricas coincidencias. Advertimos que quienes cargamos con deudas de increíble peso en materia financiera somos a la vez los mayores acreedores ambientales en el planeta, en cuanto constituimos una verdadera reserva ambiental, que no recibe ningún tipo de compensación por parte de sus deudores ambientales. Los acreedores financieros que resultan implacables ante el incumplimiento de sus deudores no admiten hacerse cargo de la deuda ambiental que tienen contraída con los países menos desarrollados.

La última presentación que pude escuchar antes de retirarme rumbo a mi oficina fue la de un joven que representaba a Japón.

En las semanas que siguieron estuve trabajando sobre mis informes y preparándome para un futuro viaje que tendría por destino los Emiratos Árabes Unidos.

---

[112] Meta 14.3: Minimizar y abordar los efectos de la acidificación de los océanos, incluso mediante una mayor cooperación científica a todos los niveles.

10. Energía

Una vez aterrizado en el Aeropuerto Internacional de Abu Dabi estuve un rato buscando un taxi disponible que me llevara al hotel. Después de registrarme y cambiarme de ropa me dirigí rumbo a las oficinas de la Agencia Internacional de Energías Renovables (IRENA, por sus siglas en inglés). La Agencia es una organización intergubernamental establecida en el 2009 con el objetivo de promover el uso sostenible de todas las formas de energía renovable como la bioenergía, la geotérmica, la hidroeléctrica, la energía solar y eólica.

Al arribar, al lugar me recibió su Director General, Adnan Amin, quien amablemente me condujo a un lujoso salón en el que esperaba sentado un colega suyo de otro organismo con competencia en la temática, la Agencia Internacional de Energía (IEA, por sus siglas en inglés).

El primero en hablar fue Amin.

> *Uno de cada cinco habitantes del planeta, es decir mil quinientos millones de personas, sigue careciendo de acceso a la electricidad. Aproximadamente el doble, tres mil millones de personas, dependen de la madera, el carbón o los excrementos de animales para cocinar alimentos y tener calefacción. En la economía actual, esta falta de acceso a servicios energéticos modernos[113], que se da fundamentalmente en los países con menor desarrollo, crea un gran obstáculo para la eliminación de la pobreza. Por otro lado, en los países más desarrollados, en general el problema no pasa por el acceso a la energía, sino más bien por el despilfarro y la contaminación. En todo el mundo, una utilización ineficiente de la energía además de perjudicar la productividad económica contribuye sustancialmente, a través de las emisiones de GEI al peligroso calentamiento de nuestro planeta.*

---

[113] Meta 7.1: De aquí a 2030, garantizar el acceso universal a servicios energéticos asequibles, fiables y modernos.

Continuó aclarando que existían diferentes maneras de presentar las estadísticas energéticas.

A veces, la participación de los distintos tipos de energía, se presenta en función de su consumo final (la energía que llega a los consumidores, como la electricidad o la nafta) y otras en términos del suministro de energía primaria[114] (por ejemplo, el carbón antes de convertirlo en electricidad en una central térmica o el petróleo antes de convertirlo en gasolina en una refinería). En cuanto a la segunda alternativa de presentación de la información, según datos de la Agencia Internacional de Energía, la matriz de energía primaria a nivel mundial tiene un claro predominio (cerca del 80%[115]) de los combustibles fósiles. Por lo tanto, el mundo es altamente dependiente del carbón, el petróleo y el gas. El empleo de este tipo de combustibles se ha incrementado de manera notable desde el comienzo de la Revolución Industrial. Si bien esto permitió un desarrollo productivo nunca antes conocido en la historia del hombre, también produjo un alto impacto negativo sobre el ambiente.

Después se refirió a los desafíos del sector energético en pos de lograr el desarrollo sostenible.

Existe una estrecha relación entre la energía y el desarrollo sostenible que pone de relieve la importancia de una energía moderna, menos contaminante y eficiente. En este contexto, las Naciones Unidas establecieron en 2011 una importante iniciativa mundial, "Energía Sostenible para Todos", que tiene tres objetivos principales: 1) Asegurar el acceso universal a servicios modernos

---

[114] Las "energías primarias" son las que se obtienen directamente de la naturaleza: solar, hidráulica, eólica, geotérmica, biomasa, petróleo, gas natural o carbón. Las "energías secundarias" provienen de la transformación de energía primaria con destino al consumo directo o a otros usos: gasolinas, electricidad, gasoil, etc.

[115] El casi 20% restante de la matriz se distribuye, en forma decreciente, entre: biomasa, nuclear, hidroeléctrica y otras renovables.

de energía; 2) Duplicar la tasa mundial de mejora en la eficiencia energética[116]; y 3) Duplicar la proporción de energía renovable[117] en el conjunto de tipos de energía utilizados en todo el mundo. En este contexto, el proceso de transición hacia una energía sostenible requiere trabajar a la par, tanto en la promoción de las energías renovables y la eficiencia energética, como en las alternativas para hacer más eficiente y limpio el uso de combustibles fósiles..

Finalmente, hablo sobre la necesidad de sustituir los combustibles fósiles por alternativas más limpias como la energía nuclear y las energías renovables.

Millones de toneladas por día de petróleo, gas y carbón son utilizadas en el transporte y la industria, y los desechos de su combustión arrojados a la atmósfera en forma de polvo, humo y gases, ocasionando distintas problemáticas ambientales. Los efectos contaminantes de estos productos no solo están vinculados a las emisiones derivadas de su combustión, sino también a su transporte (ej. derrames de petróleo) y a los subproductos que originan (ej. hidrocarburos y derivados tóxicos). En este contexto, aunque equivocadamente subestimáramos los impactos negativos sobre el ambiente de los combustibles fósiles, es un hecho que se están agotando y no siempre estarán disponibles, con lo cual resulta imprescindible pensar en nuevas alternativas, como las energías renovables y la energía nuclear, que puedan reemplazarlos a futuro.

Tras terminar su segunda taza de café, prosiguió con argumentos en pos de defender el rol de la energía nuclear como complemento de las alternativas renovables.

---

[116] Meta 7.3: De aquí a 2030, duplicar la tasa mundial de mejora de la eficiencia energética.
[117] Meta 7.2: De aquí a 2030, aumentar considerablemente la proporción de energía renovable en el conjunto de fuentes energéticas.

El funcionamiento normal de las ciudades, que concentran la mayor parte de la población del planeta, depende de la existencia continua de electricidad. Hasta el momento sólo hay tres fuentes de abastecimiento que pueden cumplir con esta premisa: los combustibles fósiles (carbón, gas y gasoil), la energía hidroeléctrica, que en la mayoría de los sitios ha llegado a su límite, y la nuclear. Por otro lado, las energías renovables, no son contantes ya que dependen de las condiciones meteorológicas y por lo tanto su utilización en las ciudades requiere disponer sistemas de acumulación y redes de distribución capaces de absorber aportaciones fluctuantes.

La energía nuclear muchas veces es cuestionada por la generación de residuos peligrosos, pero si lo pensamos un poco, los residuos nucleares, a diferencia de las emisiones de los combustibles fósiles que se liberan a la atmósfera, están altamente regulados y monitoreados en depósitos de seguridad que impiden su liberación al ambiente. Además, la nuclear es una fuente de energía mucho más concentrada que la eólica y solar que ocupan grandes superficies de terreno[118] para generar la energía que una central nuclear produce en un espacio mucho menor.

Después se metió de lleno en la temática de las energías renovables.

Las energías renovables no consumen recursos naturales de forma neta, y, salvo en la fase de construcción y montaje de los equipos necesarios, son prácticamente inocuas en cuanto a las emisiones de dióxido de carbono. Sin embargo, son varios los factores que dificultan su mayor participación en el balance energético. Entre ellos, destacan su baja intensidad por unidad de superficie y su variabilidad, dependiente de los fenómenos meteorológicos.

---

[118] Algunos pueden cuestionar esto, por ejemplo argumentando que los molinos eólicos pueden convivir en espacios donde se desarrollan otras actividades como la agricultura.

En la actualidad, las energías renovables representan el 18% del consumo energético final (CEFT)[119] en el mundo. La bioenergía, que se puede utilizar no solo para generar energía eléctrica, sino que también puede proporcionar calefacción y carburantes, domina la cartera de las energías renovables y se espera continúe siendo la de mayor participación al 2030.

En cuanto a la electricidad[120], hoy en día la mayor proporción proveniente de fuentes renovables corresponde a la energía hidroeléctrica, pero probablemente al 2030 sea superada por la energía eólica. La energía solar fotovoltaica también conformará una parte sustancial de la generación de energía en ese momento.

Las energías renovables de baja escala o baja potencia incluyen a los pequeños aerogeneradores y paneles fotovoltaicos que pueden instalarse en viviendas, comercios y oficinas públicas. Desde el punto de vista ambiental tienen un gran beneficio, que es la posibilidad de generar energía de manera distribuida, es decir establecer sistemas que en lugar de basarse en grandes plantas de generación eléctrica, en general lejos de los lugares del consumo, como es la práctica habitual en el presente, se basen en pequeñas fuentes de generación de energía localizadas en los mismos sitio donde se consume. Eso por un lado, permite reducir las pérdidas en el transporte de energía a la par de reducir los altos costos asociados con la infraestructura necesaria para transportarla. Además, hace al sistema eléctrico más resiliente frente a las fallas. La existencia de múltiples respaldos permite que el sistema se recupere más rápidamente.

---

[119] CEFT incluye la energía utilizada como combustible (para el sector del transporte) y para generar calor y electricidad (para los sectores de la industria y los edificios). Se excluye el uso no energético, es decir su utilización como materias primas para producir productos químicos y polímeros.

[120] El sector eléctrico apenas representa un tercio de la cuota de energías renovables en el CEFT, mientras que los otros dos tercios proceden del uso de calefacción y carburantes en los que predomina la bioenergía.

Si deseamos que prosiga la transición hacia las energías renovables se requerirá una revisión profunda de los marcos de subvención a los combustibles fósiles que en el presente se mantienen en muchos países del mundo. En la actualidad, las subvenciones y las estructuras de mercado siguen inclinando la balanza a favor de los derivados del petróleo en detrimento de las energías renovables. Para revertir esto existen diferentes posibilidades incluyendo la de introducir un impuesto[121] a las emisiones de dióxido de carbono que refleje los costos externos de los combustibles fósiles.

Como último tema, el presidente de la Agencia Internacional de Energía se refirió a las alternativas para hacer más eficiente y limpio el uso de combustibles fósiles.

En la medida en que sigamos dependiendo de los combustibles fósiles, debemos: a) mejorar la eficiencia en la producción de energía a través de los mismos y; b) eventualmente capturar las emisiones de dióxido de carbono resultantes en las centrales eléctricas antes de que escapen a la atmósfera.

En cuanto al primer aspecto, el reemplazo de las centrales termoeléctricas convencionales[122] por ciclos combinados logra importantes ahorros energéticos que redundan en menores emisiones de dióxido de carbono a la atmósfera. Los ciclos combinados son centrales de generación de energía eléctrica en las que se transforma la energía química del gas natural en electricidad mediante dos ciclos consecutivos: el que corresponde a una turbina de gas convencional y el de una turbina de vapor. Este tipo de centrales se caracterizan por el uso del calor residual

---

[121] En 1990 Finlandia se convirtió en el primer país del mundo en introducir un impuesto sobre el carbono. Hoy en día al menos 40 países y más de 20 ciudades y estados han establecido impuestos para reducir la contaminación.

[122] En el presente, en muchos países en desarrollo la energía térmica se transforma en mecánica mediante un único ciclo turbina de vapor o de turbina de gas.

generado en la turbina de gas, el cual es aprovechado para calentar agua en una caldera y empleado para hacer funcionar una turbina de vapor. Estos dos tipos de turbinas, de gas y vapor, están acopladas a alternadores comunes que convierten la energía mecánica generada por las turbinas en energía eléctrica. La combinación de estos dos procesos permite alcanzar rendimientos, en torno al cincuenta por ciento, muy superiores a los de una central térmica convencional con un solo ciclo, logrando así un mayor aprovechamiento de la energía del combustible.

Por otro lado, la captura de carbono y su eventual procesamiento/almacenamiento se puede convertir en uno de los principales aliados de la mitigación del cambio climático en las próximas décadas. El proceso consiste en tres etapas principales: 1) Capturar el dióxido de carbono (CO_2) en su fuente, separándolo de los otros gases que se generan en los procesos industriales; 2) transportar el CO_2 capturado a un lugar de almacenamiento apropiado (normalmente de forma comprimida); y 3) Almacenar el CO_2 fuera de la atmósfera durante un largo periodo de tiempo, por ejemplo, en formaciones geológicas subterráneas, en las profundidades oceánicas o dentro de ciertos compuestos minerales. La tecnología de almacenamiento es en la actualidad sumamente costosa y además siempre está presente el riesgo latente de que el gas se fugue del reservorio en que fue almacenado.

Después llegó el turno del colega de la Agencia Internacional de Energía[123] quien se refirió específicamente a la eficiencia energética.

La eficiencia energética implica utilizar menos energía para lograr el mismo o un mayor nivel de bienestar. Por ejemplo, podemos diseñar nuestros edificios de modo que aprovechen la luz solar y la

---

[123] La Agencia Internacional de Energía (AIE) es un organismo autónomo, creado en 1974 que tiene como principal objetivo promover la seguridad energética entre sus países miembros.

circulación del aire natural, con lo que requerirían mucha menos energía comercial para calentarlos, refrescarlos y ventilarlos. De igual forma, la iluminación mediante tecnologías eficientes como las lámparas LED que usan cinco veces menos electricidad que una lámpara convencional incandescente pueden significar importantes ahorros energéticos en las viviendas.

En muchos países las inversiones en eficiencia energética han conducido a reducciones de la demanda energética que superan el aporte de cualquier otra fuente. Dicho de otro modo, el ahorro energético logrado puede estar en el mismo orden de magnitud que el que se conseguiría a partir de generar energía con instalaciones (ej. parques eólicos o solares) en base a fuentes renovables, pero a un costo económico mucho menor.

Siguió hablando sobre la importancia de los cambios comportamentales para lograr el ahorro de energía.

Los comportamientos, elecciones y prácticas energéticamente inteligentes juegan un rol clave en el ahorro energético. Por ejemplo, es conocido el hecho de que los dispositivos en modo "standby" representan un consumo no despreciable del total de energía en la vivienda, sin embargo, pocas personas han hecho un cambio al respecto. Ello implica dejar de lado el control remoto y movilizarse hasta el equipo en cuestión para apagarlo manualmente, es decir por completo. Otro ejemplo comportamental destacado, en el que por cierto se ha logrado un éxito mayor, es el del etiquetado de eficiencia energética. Estudios sobre el impacto de las etiquetas de eficiencia energética muestran que cuando se facilita información respecto a la eficiencia del equipo, los consumidores tienden a adoptar la tecnología más eficiente. En particular, esto ocurre en mayor medida cuando el vínculo entre el ahorro por eficiencia energética y el ahorro de dinero es explícito.

Finalmente se refirió a uno de los indicadores de sostenibilidad energética de mayor uso.

> *La intensidad energética se define como la cantidad de energía consumida dividida por un indicador económico como el PIB. En términos de sostenibilidad energética de un país, se espera que la tendencia sea a la reducción de su magnitud, lo que implicaría la posibilidad de generar el mismo valor económico con una menor demanda de energía. El valor de este indicador depende de varios factores, incluyendo: la eficiencia energética, la estructura económica, el tipo de industria base, el clima y el tamaño del país. Por ejemplo, países con una economía basada en la industria pesada en general tienen mayor intensidad de energía que aquellos que han tercerizando dichas actividades a otros países y tienen una economía basadas en servicios. En el mismo sentido, los países grandes deben incurrir en mayores consumos energéticos vinculados al transporte interno que los países chicos y aquellos en los que predominan climas extremos demandan más energía por el acondicionamiento térmico que los que tienen climas templados.*

Una hora después, cuando abandonaba el lugar camino a mi hotel pensaba si mis hijos serían capaces de levantarse del sillón y transitar los dos escasos metros que los separaban del televisor para apagarlo manualmente. Definitivamente, no. Mi interés en el tema me llevó a una página de internet que promocionaba equipos que incluían una función de stand-by con ahorro de energía. Si bien no era la opción ideal era la más realista para aplicar en casa. Cuánta razón tenía el expositor en la importancia de los cambios comportamentales, más allá de los tecnológicos, para lograr el ahorro de energía.

Al día siguiente mientras despegaba mi avión rumbo a casa y se alejaba hacia el sur pude ver por la ventanilla las inmensas dunas móviles que constituían el desierto de *Rub al-Jali* y posteriormente el extenso oasis de *Al Liwa*, que gracias al agua subterránea permitía el desarrollo de la agricultura en la zona. Pero de eso, me ocuparía a la vuelta donde ya tenía agendada mi participación en un webinar organizado en conjunto por la FAO y ONU-Agua.

11. Agua

El webinar[124] empezó un poco demorado ya que la página de registro parecía estar funcionando mal. A la derecha de mi pantalla podía ver que los asistentes fácilmente superaban las cien personas y mientras veía mi perfil de identificación me preguntaba porque no había actualizado aún esa horrible foto.

En el comienzo el expositor de ONU-Agua[125] introdujo la problemática, en sus palabras *"la crisis del agua"*.

> *Gran parte de la superficie del planeta está cubierta por agua (líquida o helada). Sin embargo, sólo el 2,5% de la totalidad es dulce, es decir, apta para el consumo humano. De esa mínima proporción, la mayoría se encuentra inaccesible en glaciares y en los polos, así que tan solo disponemos para consumo del 0,5% que es agua subterránea o superficial. Aunque parezca ínfima, esta cantidad podría ser más que suficiente para calmar la sed de la población mundial, si no fuera por los graves problemas de distribución y por la contaminación que está inhabilitando buena parte de este recurso.*

> *Millones de personas, la mayoría niños, mueren a causa de enfermedades relacionadas con un abastecimiento de agua, higiene o saneamiento inadecuados. La escasez de agua afecta a más del 40% de la población mundial, y se prevé que esta cifra aumente.   En el mundo, 663 millones de personas (fundamentalmente en el África subsahariana) todavía utilizan fuentes no mejoradas de agua potable[126], lo que incluye pozos y manantiales sin protección, y agua de superficie.*

---

[124] Un webinar es un término usado para describir un seminario basado en la web. Los participantes participan remotamente a través de un ordenador.

[125] ONU-Agua es una agencia de las Naciones Unidas creada en 2003 que se ocupa de todos los asuntos relacionados con el agua dulce o el saneamiento.

[126] Meta 6.1: De aquí a 2030, lograr el acceso universal y equitativo al agua

Más de 1.700 millones de personas viven actualmente en cuencas fluviales donde el consumo de agua es superior a la recarga. Además el ser humano está contaminando el agua[127] a un ritmo más rápido del que precisa la naturaleza para reciclarla y purificarla en los ríos y los lagos.

Después se refirió a las actividades que generan mayor demanda del recurso e introdujo el concepto de *"agua renovable"*.

El crecimiento poblacional y económico ha acelerado la demanda de agua dulce[128] para proveer a las ciudades, la industria y el sector agropecuario. A lo largo de los años los dos primeros componentes han tendido a estabilizarse, pero el último se ha incrementado notablemente desde 1970 sobre todo por el desarrollo de sistemas de irrigación para satisfacer una demanda creciente de alimento. En el presente, del total de agua dulce a nivel mundial, los municipios extraen el 12%, las industrias el 19% y la agricultura el 69% restante.

Más allá de la cantidad de agua extraída, en términos de la sostenibilidad, es importante considerar el origen de la misma. El agua superficial o de reservorios subterráneos con alta tasa de recarga se considera renovable. Por el contrario, el agua extraída de acuíferos con escasa tasa de recarga se considera agua fósil (no renovable).

---

potable a un precio asequible para todos.

[127] Meta 6.3: De aquí a 2030, mejorar la calidad del agua reduciendo la contaminación, eliminando el vertimiento y minimizando la emisión de productos químicos y materiales peligrosos, reduciendo a la mitad el porcentaje de aguas residuales sin tratar y aumentando considerablemente el reciclado y la reutilización sin riesgos a nivel mundial.

[128] Meta 6.4: De aquí a 2030, aumentar considerablemente el uso eficiente de los recursos hídricos en todos los sectores y asegurar la sostenibilidad de la extracción y el abastecimiento de agua dulce para hacer frente a la escasez de agua y reducir considerablemente el número de personas que sufren falta de agua

Uno de los indicadores más utilizados para medir la escasez de agua es la disponibilidad total de recursos hídricos renovable por persona[129] (TARWR, por sus siglas en inglés). Bajo este indicador, el estrés hídrico aparece cuando el agua renovable disponible en un país cae por debajo de los 1700 m3/año/persona. Siguiendo esta definición, 49 países del planeta están en condiciones de estrés hídrico.

Con respecto a la sostenibilidad de la tasa de extracción del agua, se suele utilizar como indicador, la cantidad de agua consumida (en la agricultura, la industria y las ciudades) dividida por la cantidad de recursos hídricos renovables. Se considera que un país sufre de estrés hídrico cuando extrae más del 25 % de sus recursos renovables de agua dulce. Bajo esta definición, el estrés hídrico avanza a nivel global contando con 41 países en 2011. Hay diez países, 7 de ellos en la Península Arábiga, que extraen más del 100 por ciento de sus recursos hídricos renovables, esto significa que, o bien usan aguas subterráneas fósiles no renovables o bien usan fuentes de agua no convencionales como agua desalinizada o aguas residuales.

Después de una breve sesión de preguntas y respuestas el webinar siguió con la participación de dos panelistas. Me costó mantener la concentración, mi mente estaba puesta en la reunión definitoria que en los próximos días tendría el Grupo de Trabajo Abierto sobre los ODS.

---

[129] Para poder estimar el agua disponible se requiere contar con información sobre la cantidad de agua superficial y subterránea que fluye: a) desde otros países; b) dentro del mismo país (escurrimiento superficial, la recarga del acuífero y la porción compartida de los recursos hídricos superficiales y subterráneos); y c) hacia otros países.

12. La adopción de los ODS

En julio de 2014, tras dieciséis meses de haber iniciado su labor, el Grupo de Trabajo Abierto propuso un documento con 17 objetivos y 169 metas para su consideración por la Asamblea General de las Naciones Unidas. A partir de ese momento, la Asamblea, con la facilitación de los representantes permanentes de Irlanda y Kenia, celebró ocho sesiones intergubernamentales de negociación al más alto nivel político en base al documento propuesto.

Durante ese tiempo además de participar y colaborar en las sesiones de la Asamblea General, seguí teniendo reuniones personales con actores relevantes para el proceso. Para principios de febrero de 2015 me reuní con Johan Rockström, que venía de presentar en el Foro Económico de Davos la actualización del estudio sobre los nueve límites del planeta.

En esta publicación, que fuera presentada por primera vez en 2009, científicos del Centro de Resiliencia de Estocolmo, bajo la dirección de Johan Rockström, identificaron nueve procesos, vinculados a cambios ambientales inducidos por el ser humano, que resultan prioritarios para la estabilidad de la Tierra. Los mismos son: 1) el cambio climático; 2) la acidificación del océano; 3) el agotamiento del ozono estratosférico; 4) la carga de aerosoles atmosférica; 5) los flujos de nitrógeno y fósforo a la biosfera y los océanos; 6) el uso mundial de agua dulce; 7) el cambio de uso del suelo; 8) la pérdida de biodiversidad; y 9) la contaminación química.

Para siete de los nueve procesos se define un límite planetario que implica un espacio operativo seguro para la humanidad respecto del funcionamiento del sistema Tierra. Los dos límites restantes, para los que aún no se ha podido determinar los niveles límites, son la carga de emisión de contaminantes químicos y atmosféricos (aerosoles).

Cuatro de los nueve límites planetarios clave para la estabilidad de la Tierra se han sobrepasado, lo que coloca a la humanidad en "zona de peligro". Al cambio climático, la pérdida de la diversidad biológica y la alteración de los ciclos biogeoquímicos que ya aparecían en el estudio de 2009, se sumó en el 2015 el cambio en el uso del suelo.

Al despedirme de Johan quedamos en coordinar una reunión para septiembre, fecha en que se encontraría nuevamente por Nueva York para participar de la Cumbre donde se esperaba que las Naciones Unidas aprobaran los ODS.

El 25 de septiembre de 2015, en el marco de la 70ava edición de la Asamblea General de Naciones Unidas, en Nueva York, dio comienzo una cumbre de tres días a la que asistieron alrededor de 150 jefes de Estado, un número de líderes sin precedentes para una conferencia internacional de la ONU. En la misma los Estados miembros de la Naciones Unidas aprobaron una resolución que adoptaba la agenda 2030 para el desarrollo sostenible, incluyendo 17 Objetivos con 169 metas de carácter integrado e indivisible que abarcaba las esferas económica, social y ambiental.

Los ODS además de proponerse poner fin a la pobreza en el mundo, aspiraban, entre otras, a erradicar el hambre y lograr la seguridad alimentaria; garantizar una vida sana y una educación de calidad; lograr la igualdad de género; asegurar el acceso al agua y la energía; promover el crecimiento económico sostenido; adoptar medidas urgentes contra el cambio climático; promover la paz y facilitar el acceso a la justicia.

Al inicio de la sesión, tanto el primer ministro danés, Lars Lokke Rasmussen, así como el presidente ugandés, Yoweri Musenevi, ambos copresidentes de la cumbre, recordaron que el programa anterior, los Objetivos de Desarrollo del Milenio, permitió sacar de la extrema pobreza a mil millones de personas.

Posteriormente las palabras del Secretario General de las Naciones Unidas clarificaron la importancia de ese momento para el futuro del planeta.

> *Hemos llegado a un momento decisivo para la historia de la humanidad. Los pueblos del mundo nos han pedido que alumbremos el camino hacia un futuro prometedor y lleno de*

oportunidades. Y los Estados Miembros han respondido con la Agenda 2030 para el Desarrollo Sostenible. La nueva agenda es una promesa que los dirigentes hacen a las personas de todo el mundo. Y constituye una visión universal, integrada y transformativa para un mundo mejor. Es una agenda en favor de las personas, para poner fin a la pobreza en todas sus formas. Una agenda en favor del planeta, que es nuestro hogar común. Una agenda en favor de la prosperidad compartida, la paz y las alianzas de colaboración. Una agenda que transmite la urgencia de tomar medidas contra el cambio climático. Y que se basa en la igualdad de género y el respeto de los derechos de todas las personas. Pero que, sobre todo, promete que nadie se quedará atrás.

En la ceremonia también se destacaron las palabras del Papa Francisco,

En nombre propio y en el de toda la comunidad católica, Señor Ban Ki-moon, quiero expresarle el más sincero y cordial agradecimiento. El abuso y la destrucción del ambiente, al mismo tiempo, van acompañados por un imparable proceso de exclusión. En efecto, un afán egoísta e ilimitado de poder y de bienestar material lleva tanto a abusar de los recursos materiales disponibles como a excluir a los débiles y con menos habilidades, ya sea por tener capacidades diferentes o porque están privados de los conocimientos e instrumentos técnicos adecuados o poseen insuficiente capacidad de decisión política. La exclusión económica y social es una negación total de la fraternidad humana y un gravísimo atentado a los derechos humanos y al ambiente. Los más pobres son los que más sufren estos atentados por un triple grave motivo: son descartados por la sociedad, son al mismo tiempo obligados a vivir del descarte y deben injustamente sufrir las consecuencias del abuso del ambiente. En este contexto, la adopción de la Agenda 2030 para el Desarrollo Sostenible en esta Cumbre mundial es una importante señal de esperanza. Que Dios los bendiga a todos.

Aparte de los discursos oficiales, la cumbre tuvo un espacio para los aportes musicales. La cantante colombiana Shakira puso la nota artística a la apertura, interpretando el clásico tema *"Imagine"*, de John Lennon. Además, hubo una participación especial de Malala Yousafzai, quien dio un mensaje de esperanza para los niños y jóvenes. Malala sobrevivió a un ataque del Talibán que trató de asesinarla en 2012, cuando tenía quince años, para callar sus reclamos sobre el derecho a la educación femenina en su país, Paquistán. Desde entonces emprendió una lucha por los derechos de los niños que se vio recompensada con el Premio Nobel de la Paz en 2014.

Al finalizar la cumbre tuvimos un festejo interno con todo el personal de Naciones Unidas que había intervenido de alguna manera en la gestación de los ODS. Allí, el Secretario me pidió que siguiera apoyando el proceso en marcha del Grupo Interinstitucional Experto sobre los indicadores de los Objetivos de Desarrollo Sostenible[130], lo cual acepte. El Grupo había comenzado a sesionar en junio de 2015 y tenía a su cargo el establecimiento de los indicadores que servirían como puntos de referencia para el marco de supervisión del cumplimiento de los metas.

Para finales del 2015 emprendí mi último viaje del año con destino a Paris donde se estaba desarrollando la Conferencia de las Naciones Unidas sobre Cambio Climático (COP21). Con la presencia de una gran cantidad de líderes mundiales e importantes medidas de seguridad se inició el encuentro en la localidad de *"Le Bourget"*, en las afueras de París, muy cerca del estadio de fútbol donde quince días antes habían ocurrido los ataques terroristas que terminaron con la vida de más de un centenar de personas.

Durante casi dos semanas negociadoras de todo el mundo trabajaron en la búsqueda de consensos para llegar el doce de diciembre a la aprobación del *"Acuerdo de París"* que tiene como una de sus objetivos

---

[130] Meta 17.19: De aquí a 2030, aprovechar las iniciativas existentes para elaborar indicadores que permitan medir los progresos en materia de desarrollo sostenible y complementen el producto interno bruto, y apoyar la creación de capacidad estadística en los países en desarrollo.

principales la implementación de una serie de medidas destinadas a mantener el aumento de la temperatura en este siglo por debajo de los dos grados centígrados sobre los niveles preindustriales. El Acuerdo reconoce la necesidad de que las emisiones globales toquen techo lo antes posible, asumiendo que esta tarea llevará más tiempo para los países en desarrollo. Además, incluye la importancia de conseguir una senda de reducción de emisiones a medio y largo plazo, coherente con un escenario de neutralidad de carbono en la segunda mitad de siglo, es decir, un equilibrio entre las emisiones y las absorciones de gases de efecto invernadero. Para ello los países deberán implementar planes de limitación o reducción en sus emisiones[131], que en la jerga se denominan, contribuciones nacionalmente determinadas (NDCs, por sus siglas en inglés). Considerando los planes presentados durante el 2015, las emisiones globales acumuladas en 2030 alcanzarían las 748 GtCO2eq, es decir 75% del presupuesto disponible (1000 GtCO2eq) para que el incremento de la temperatura no supere los dos grados. Esto significa que para los restantes 70 años (hasta llegar al 2100) tan solo quedaría disponible para emitir un tercio del presupuesto[132].

Al margen de mi participación en las reuniones de negociación formal, me lleve un grato recuerdo de las ceremonias de entrega de los "premios fósiles" que se repitieron diariamente durante el transcurso de la Conferencia. El premio, que en realidad es un antipremio, se otorga desde 1999 a los países que retrasan o bloquean el proceso de negociación durante una cumbre climática. Por ejemplo, es habitual que lo ganen aquellos países que presentan metas de reducción de emisiones poco ambiciosas o que promueven medidas y tecnologías basadas en el uso de combustibles fósiles. La ceremonia usualmente procede en los pasillos de la sede de la cumbre en la que jóvenes de organizaciones no gubernamentales, que integran la *"Climate Action Network"* representan

---

[131] Meta 13.2: Incorporar medidas relativas al cambio climático en las políticas, estrategias y planes nacionales.

[132] Dicho esto, queda claro que los planes de mitigación presentados hasta ahora por los países deberán ser reformulados en pos de lograr un mayor volumen de reducción.

de manera graciosa, incluso imitando el acento del idioma, las posiciones de los países que los llevaron a ganar el premio. Todo ocurre con un fondo de un dinosaurio quemándose y la música de Jurasic Park. Es realmente muy divertido, pero también importante para llamar la atención de la gente ante posiciones erróneas de los países.

Con la aprobación de los ODS y del Acuerdo de París, el 2015 sería sin duda recordado como un año trascendente en la historia de la humanidad[133]. Durante los primeros meses del 2016 continué brindando apoyo al Grupo Interinstitucional y de Expertos sobre los Indicadores de los Objetivos de Desarrollo Sostenible en la elaboración de un marco de 230 indicadores mundiales, que fueran luego aprobados por la Comisión de Estadística de Naciones Unidas en marzo de ese año. Los indicadores globales están destinados a facilitar el seguimiento y revisión de la Agenda 2030 a escala mundial y no son necesariamente aplicables a todos los contextos nacionales. De hecho, marcan el comienzo de un nuevo proceso hacia el interior de cada país que deberá evaluar y eventualmente adaptar estos indicadores a sus realidades particulares.

A mediados de 2016, mientras me encontraba visitando a mi mamá, me di cuenta que se hacía insostenible manejar su enfermedad a la distancia. En menos de un año desde su diagnóstico, los síntomas del Alzheimer se habían intensificado sensiblemente y ahora requería asistencia para hacer las cosas más simples, como escoger un conjunto de ropa apropiado o incluso lograr ponérsela. Tomé la decisión de renunciar a mi puesto de las Naciones Unidas y me avoqué junto con mi familia a los preparativos para la mudanza a México. En el transcurso de ello acepte una oferta laboral de la Universidad Nacional Autónoma de México para dirigir un curso a distancia sobre *"Tecnología y desarrollo sostenible"*. Dos meses después me encontraba nuevamente, después de muchos años, viviendo en México.

---

[133] Otro hecho importante que ocurrió en julio de ese año en Adís Abeba, Etiopía, fue la Tercera Conferencia Internacional sobre Financiamiento al Desarrollo.

13. Tecnologías para el desarrollo sostenible

La vuelta no fue simple. Me costó acomodarme a mi nuevo rol de cuidador de mi madre cuya enfermedad avanzaba a paso firme. Su situación económica en el presente era cómoda, pero sabía que él Alzheimer tenía la capacidad de devorar recursos a una gran velocidad, sobre todo en la etapa final. Ella no quería terminar en una institución, pero sabía que podía suceder. Su teléfono poco a poco se convertía en su nuevo mejor amigo. Recurría a él muchas veces al día y recorría el calendario y las notas que se escribía a sí misma, o la lista de fechas y nombres que nunca había estado tan recargada.

Con respecto a mi nueva actividad académica, todos los días trabajaba intensamente en la preparación de las clases del curso que pronto empezaría. El mismo formaba parte de un programa de educación más general de la *"Red de Soluciones para el Desarrollo Sustentable"*, una iniciativa bajo el auspicio del secretario general de la ONU enfocado en dar solución a las problemáticas del desarrollo sostenible.

Una semana antes del comienzo, me informaron de la Universidad que tras recibir una cantidad record de solicitudes de todo el mundo, habían tenido que cerrar anticipadamente la inscripción al curso. El problema parecía estar en que las funcionalidades de la plataforma virtual en que se dictaría el mismo, estaban preparadas para cien personas, mientras que el número de interesados a la fecha de cierre de inscripción duplicaba largamente ese número.

A pesar de ser un ferviente creyente de las bondades de la enseñanza online global y gratuita era la primera vez que estaba al frente de un curso virtual. El rápido acceso a través de la Internet a un volumen cada vez mayor de información ha cambiado los modelos tradicionales de enseñanza. De esta manera, hoy el acceso a la información dejó de ser el desafío principal siendo desplazado por la cuestión de disponer de las capacidades necesarias para saber qué información buscar, como seleccionarla y organizarla. El desarrollo de esta habilidad implica la transición de un modelo de aprendizaje basado en canales de información establecidos, como los libros de texto a otro en el que existe una cantidad y diversidad mayor de datos en formatos diferentes, incluyendo los audiovisuales. En este contexto, la enseñanza se está orientando hacia *"aprender a conocer"*, es decir, adquirir los instrumentos para comprender el mundo que nos rodea, favoreciendo el despertar de la curiosidad intelectual y estimulando el sentido crítico.

Para mi primera clase, había decidido utilizar como texto base *"La era del desarrollo sostenible"*, cuyo autor, Jeffrey Sachs, fuera Asesor Especial del Secretario General de las Naciones Unidas para los ODM. En su libro, Sachs desarrollaba excepcionalmente bien su experiencia de trabajo en los Objetivos de Desarrollo del Milenio. Entre las secciones que seleccione para presentar en la clase introductoria del curso había una que se refería a la existencia de un supuesto antagonismo entre las distintas dimensiones del desarrollo sostenible.

> *La visión convencional es que no hay más remedio que aceptar importantes compromisos entre los distintos objetivos económicos, sociales y ambientales. Por ejemplo, se cree habitualmente que una sociedad puede aspirar a la riqueza, o bien a la igualdad; pero si aspira a la igualdad, entonces será menos rica. Desde este punto de vista, los ingresos y la igualdad son mutuamente sustitutivos. En términos coloquiales, se dice a menudo que el debate es entre "hacer más grande el pastel" o "repartirlo mejor". A menudo se plantea un compromiso parecido en relación con el medio ambiente. Se dice que una sociedad pobre debe elegir entre el crecimiento o el medio ambiente. Sin embargo, una inversión en control de contaminación puede incrementar la productividad de la masa laboral al reducir las enfermedades y el absentismo, en especial de los pobres, más expuestos a la contaminación. El control de la contaminación logra de este modo tres objetivos: aumento de la producción, aumento de la equidad y aumento de la sostenibilidad. Resumiendo, el desarrollo sostenible ofrece sinergias y no*

compromisos entre los fines de la eficiencia, la equidad y la sostenibilidad.

Otro autor que serviría de guía para mi primera clase era Peter Diamandis[134], un optimista de los beneficios del progreso tecnológico a quien había escuchado un par de años atrás en una charla TED sobre *"Tecnologías exponenciales y abundancia"*. Diamandis proponía a la tecnología como la gran solución a las problemáticas del mundo, en sus palabras:

> *"La historia está llena de ejemplos de recursos que antes eran escasos y que se vuelven abundantes gracias a la innovación. La razón es bastante sencilla: la escasez suele depender del contexto. Imagina alcanzar la abundancia para alcanzar y superar las necesidades básicas de cada hombre, mujer y niño del planeta es el mayor desafío de la humanidad. Imagina un naranjo gigante lleno de fruta. Si arranco todas las naranjas de las ramas inferiores, me quedo sin posibilidad de acceder a la fruta. Desde mi perspectiva limitada, ahora las naranjas son escasas. Pero en cuanto alguien invente una tecnología llamada escalera, de pronto podré alcanzarlas. Problema resuelto. La tecnología es un mecanismo de liberación de recursos. Puede convertir lo que antes era escaso en abundante."*

Diamandis también mencionaba que el crecimiento exponencial de la tecnología tendría un efecto notable sobre el futuro de la humanidad, de manera similar a como lo había tenido en el pasado moldeando nuestro presente. Como ejemplo de esto último se refería a la evolución de las computadoras.

> *En 1965, Gordon Moore afirmó que el número de transistores por unidad de superficie en circuitos integrados, asociados a la capacidad de procesamiento de una computadora, se duplicaría cada dos años durante las siguientes décadas. Esta progresión de crecimiento exponencial[135], es lo que se denominó ley de Moore.*

---

[134] Peter Diamandis es co-autor con Steven Kotler del libro *"Abundacia"*.

[135] Es decir, duplicar la capacidad de los circuitos integrados cada dos años.

La misma intentó (y acertó) al predecir la evolución de los procesadores introduciendo el concepto de la miniaturización en la tecnología. Conforme se iba reduciendo el tamaño de los procesadores y aumentaban su potencia, la tecnología pudo hacerse cada vez más pequeña mientras aumentaba su rendimiento de manera exponencial. La consecuencia directa de la ley de Moore es que los precios bajaron al mismo tiempo que las prestaciones subieron y eso significó que la gente tuviera acceso cada vez a computadores más potentes a un menor precio.

De manera similar, el progreso en inteligencia artificial, robótica, computación infinita, redes de banda ancha, manufactura digital, nanomateriales, biología sintética y muchas otras tecnologías nos permitirán obtener mayores logros en las próximas dos décadas de lo que hemos conseguido en los doscientos años anteriores. Durante los últimos veinte años, las tecnologías inalámbricas e Internet se han vuelto fáciles de conseguir para casi todo el mundo. África se ha saltado una generación tecnológica evitando los postes telefónicos que pueblan los cielos del mundo occidental en pro del mundo inalámbrico. La penetración de los teléfonos móviles está creciendo de forma exponencial. Ahora mismo, un guerrero masai con un teléfono móvil tiene una mayor capacidad de comunicación que la que tenía el presidente de Estados Unidos hace veinte años. De modo similar, el avance de nuevas tecnologías transformadoras pronto permitirá a la inmensa mayoría de la humanidad experimentar aquello a lo que solo los más ricos tienen acceso hoy en día.

Esta última afirmación me generaba ciertas dudas. Podía compartir su optimismo en cuanto a que las nuevas tecnologías generarían múltiples beneficios pero no tanto en que los mismos llegarían a todos. Para ello, sin duda sería necesario contar con políticas ambiciosas del sector público destinadas a lograr ello. El acceso a tecnologías vitales y ecológicamente racionales hoy está repartido de forma desigual, tanto en cada país como entre un país y otro, y los pobres se ven básicamente privados del acceso a ellas. Además, cada vez que incorporamos tecnologías tenemos que saber que van a producirse efectos negativos y positivos. Por ejemplo, una tecnología como el teléfono móvil puede resultar extremadamente útil en términos facilitar el estar en contacto permanente pero también puede volverse algo intrusivo que genera molestias. La hiperconectividad ha generado un problema de automatización de las relaciones interpersonales, ya que las conversaciones cara a cara se han perdido en gran medida y han sido sustituidas por frías líneas de mensajes enviados desde un SMS o una mensajería instantánea.

Otro tema que me propuse desarrollar era el de los medios necesarios para que la tecnología constituyera efectivamente una solución a las problemáticas vigentes en muchos países. Las tecnologías solo funcionarán si están respaldados por políticas adecuadas. Aunque la población tenga a su alcance las nuevas tecnologías, de nada le servirán si no puede acceder al crédito necesario para adquirirlas o a la capacitación para aprender a utilizarlas. La existencia de infraestructura y estructuras de mercado apropiadas también es fundamental. Por ejemplo, los nuevos enfoques tecnológicos pueden incrementar el rendimiento de un cultivo, pero si no hay rutas para que el productor lleve sus productos a los mercados, el efecto de la mejora será insignificante.

Finalmente llegó el primer día de clases. Estaba sentado con cierto nerviosismo frente a mi computadora repasando las funcionalidades que tenía la plataforma del curso virtual. Conforme se acercaba la hora de inicio se sumaban una tras otra las fotos de perfil de los alumnos al costado de mi pantalla. Llegado el momento encendí mi micrófono y me posicioné frente a la cámara para arrancar.

> *Es un placer darles la bienvenida a todos al curso "17 Objetivos para un mundo mejor". A lo largo de las próximas semanas tendremos la oportunidad de conocer someramente las problemáticas que derivaron en la necesidad de contar con estos Objetivos, pero sobre todo nos enfocaremos en dar cuenta de las soluciones tecnológicas con las que contamos o eventualmente contaremos para hacerles frente. En principio, quisiera arrancar*

con tres reflexiones sobre la vinculación entre desarrollo sostenible y tecnología.

Los avances tecnológicos son uno de los principales factores del crecimiento económico global a largo plazo. El rápido crecimiento de la economía mundial desde 1750 es el resultado de años de avances tecnológicos, entre ellos el motor de vapor, el motor de combustión interna, la electrificación, la química industrial, la agronomía científica, la aviación, la energía nuclear y las TIC. Sin esos avances, tanto la economía como la población mundial hubieran dejado de crecer hace mucho tiempo.

En segundo lugar, los avances tecnológicos tienen a menudo efectos colaterales negativos, aun cuando los efectos directos sean enormemente positivos. La quema de carbón es a un tiempo el emblema de la revolución industrial y la raíz de nuestra actual crisis ambiental. Puede decirse que el carbón hizo posible la civilización moderna, a través de la invención del motor de vapor y de la explotación de los combustibles fósiles como fuerza motriz. Sin embargo, el carbón es usado actualmente a tal escala, y con efectos secundarios tan perniciosos, que supone un peligro para la propia civilización. Si no se abandona su uso o se desarrollan nuevas tecnologías que minimicen su impacto, el daño causado al planeta y a la economía global podría llegar a ser irreversible.

En tercer lugar, el avance tecnológico se halla, al menos hasta cierto punto, bajo el control del mercado como una mera consecuencia de las demandas que establece el mismo. Las empresas invierten en investigación y desarrollo para incrementar sus beneficios. En consecuencia, la investigación tiende a centrarse en los objetivos más valiosos para el mercado, que no tienen por qué coincidir necesariamente con los más cruciales para los sectores más vulnerables de la sociedad o para el ambiente. Existe sin embargo otra posibilidad en relación con el avance tecnológico, a saber, es posible orientarlo hacia fines humanos mediante una interacción deliberada de iniciativas públicas y privadas alrededor de objetivos concretos. En décadas recientes, internet, la tecnología de la información, la tecnología espacial, la genómica, la nanotecnología y muchas otras áreas de desarrollo tecnológico deben sus progresos en buena medida al apoyo de los gobiernos. En la era del desarrollo sostenible, necesitaremos esa clase de cambio tecnológico dirigido para desarrollar nuevas tecnologías orientadas a proporcionar energía, transporte, construcción, alimentación, sanidad, educación y muchas otras cosas de forma sostenible. Los gobiernos deberán recurrir a toda clase de instrumentos para promover las innovaciones en las direcciones señaladas.

El encendido accidental del micrófono de alguno de los alumnos me distrajo por un momento de mi presentación. Seguidamente y tras recordar que debía inactivar el sonido de los otros mientras hablaba, continué con mi explicación.

Existe la creencia relativamente generalizada de que si una sociedad no puede utilizar la "mejor" tecnología existente, el problema es de la sociedad y no de la tecnología. Esta concepción a mi juicio equivocada omite considerar que para que las tecnologías funcionen, tienen que estar adaptadas al contexto y a la cultura del lugar. Para decidir si cierta cosa o método es apropiado para una región, deberíamos preguntarnos: ¿Lo aceptará la gente local? ¿Es de bajo costo y eficaz? ¿Toma en cuenta los factores locales, tales como la geografía, el clima y las tradiciones, que podrían afectar su utilidad? ¿Es algo que la gente local puede entender, comprar y reparar fácilmente por sí misma?

La tecnología por sí sola tiene un efecto transformador limitado. Innumerables experiencias en el pasado muestran que es importante facilitar a las comunidades los incentivos y los medios necesarios para que saquen partido de las tecnologías. Los cambios significativos no se dan solo por una mejora tecnológica muchas veces requieren también de cambios de comportamiento. Además, el cambio conlleva, por su naturaleza, una ruptura, y, a corto plazo, genera ganadores y perdedores. Si bien las tecnologías disruptivas serán fundamentales para la transformación hacia el desarrollo sostenible, es posible que beneficien desproporcionadamente a quienes se encuentran en los países que innovan, o a un pequeño porcentaje de la población. De cara al futuro, será esencial el rol de los estados a través de la provisión de incentivos que aseguren que las personas vulnerables y marginadas no se queden rezagadas en este proceso y se beneficien de los avances y los conocimientos adquiridos.

La clase siguió con la introducción general a las problemáticas que tratan los ODS y la necesidad de abordarlas coordinadamente.

La lógica implícita detrás de los Objetivos de Desarrollo Sostenible[136] es que cada uno depende del otro. Si los países ignoran estas dependencias y tratan de abordar los Objetivos por separados sin tener en cuenta sus interrelaciones con seguridad se llegará a resultados no deseados. Por ejemplo, utilizar carbón para mejorar el acceso a la energía (Objetivo 7) en países de Asia podría acelerar el cambio climático y la acidificación de los océanos (impactando negativamente en los Objetivos 13 y 14) a la vez de empeorar problemáticas como los daños en la salud por la contaminación del aire (Objetivo 3). Por otro lado, si las acciones se piensan con una lógica de búsqueda de sinergias entre Objetivos los resultados estarán en línea con lo que la agenda 2030 propone. Por ejemplo, los esfuerzos por lograr mayor cantidad de niñas que acceden a la educación (Objetivo 4) en África podría potenciar los resultados de la salud maternal (Objetivo 3), contribuir a la erradicación de la pobreza (Objetivo 1) y a la igualdad de género (Objetivo 5).

Después hubo un espacio para preguntas y respuestas tras lo cual finalice presentando la bibliografía de referencia del curso.

---

[136] En el anexo se incluye la lista de los mismos.

Esa noche fuimos con mi mujer a ver la película *"Siempre Alice"* protagonizada por Julianne Moore. Ella interpretaba en el filme a una mujer que a los cincuenta años descubre que tiene Alzhéimer y que además es portadora de una mutación, modificación que se produce en sus genes, que provocará que sus hijos tengan un 50% de probabilidades de desarrollar esa enfermedad. Tras recibir la noticia, dos de sus hijos deciden hacerse el test genético para saber si son portadores de esa mutación mientras que el tercero prefiere no averiguarlo. Me fui a dormir con la obvia preocupación del carácter heredable del Alzhéimer de mi madre, que por cierto también se llamaba Alicia.

Nanotecnología y agua potable

Algunos de los actores mejores pagos en la meca del cine son también filántropos comprometidos en acciones sociales y ambientales. El artista Matt Damon como cofundador de una ONG que busca terminar con la crisis mundial del agua, es uno de ellos. En sus palabras: "Tengo cuatro hijas y es difícil imaginarlas caminando durante horas todos los días para conseguir agua potable, como hacen tantas mujeres alrededor del mundo"

Tras esta breve presentación procedí a desarrollar el tema de la clase, es decir, las soluciones nanotecnológicas frente a la problemática del déficit de agua potable.

La nanotecnología es un campo de las ciencias aplicadas dedicado al control y manipulación de la materia a una escala nanométrica, es decir, a nivel de átomos y moléculas. Un nanómetro es la millonésima parte de un milímetro. Es difícil hacerse una imagen visual de algo que tiene un tamaño tan pequeño, pero para tener una idea un solo cabello humano tiene unos 80.000 nanómetros de ancho.

Muchas aplicaciones de la nanotecnología se basan en el hecho de que en la nanoescala, los materiales muestran propiedades novedosas. Por ejemplo, al reducirse el tamaño de una partícula, se aumenta la relación de superficie/volumen, y cuánto más superficie se expone más activo[137] se hace el material. Estas nuevas propiedades pueden incorporarse en aparatos y sistemas más grandes, tales como dispositivos para el tratamiento de aguas.

Las membranas de nanofiltración ya son de uso habitual para la eliminación de sales disueltas y microcontaminantes, el

---

[137] El aumento del número de átomos en la superficie a medida que se reduce su tamaño, incrementa la reactividad del material.

ablandamiento del agua y la depuración de aguas residuales. Las membranas actúan como una barrera física, capturando partículas y microorganismos más grandes que sus poros y rechazando sustancias de manera selectiva. Se espera que la nanotecnología siga mejorando esta propiedad de las membranas y permita reducir los prohibitivos costos que tienen en el presente los procesos de desalinización para obtener agua dulce a partir del agua salada.

Los nanocatalizadores y las nanopartículas magnéticas son otros ejemplos de cómo la nanotecnología podría transformar el agua contaminada en agua apta para consumo, saneamiento y riego. Los nanocatalizadores pueden degradar los contaminantes químicamente, incluso aquellos que no se pueden tratar con las tecnologías actuales o cuyo tratamiento sería demasiado costoso, sin tener que desplazarlos de un lugar a otro. Las nanopartículas magnéticas pueden utilizarse para unirse a contaminantes como el arsénico y luego ser retirados mediante un campo magnético o imán.

Vale aclarar que algunos investigadores exigen más estudios sobre los posibles riesgos ambientales y para la salud del uso de la nanotecnología. Por ejemplo, preocupa que las nanoparticulas, en virtud de su reducido tamaño y alta reactividad, puedan dispersarse fácilmente por el aire y causar daño por inhalación en las personas.

Terminé la clase unos minutos antes de lo previsto para poder llegar a tiempo a mi terapia. Después de casi diez años había vuelto a analizarme. Mi madre claramente fue el tema central de mi primera sesión. Había llegado a la instancia de la enfermedad en que empezaba a no reconocerme y eso me había afectado más de lo que hubiera pensado. Hacía tiempo había perdido la capacidad para vestirse y bañarse a la par de empezar a usar pañales debido a la incontinencia urinaria y fecal. Poco a poco su cerebro era cada vez menos capaz de comunicar al cuerpo lo que debía hacer.

Infonanobiotecnología en la agricultura

Empecé la clase leyendo un artículo sobre la carne sintética.

La primera hamburguesa creada en laboratorio se cocinó y comió en Londres en 2013 y los escépticos enseguida la bautizaron con el nombre de" Frankenburger". Desde hace años se estudia la posibilidad de crear carne sintética, a través del cultivo en laboratorio de células madre bovinas. Las células madre de los músculos de los animales se recolectan con una simple biopsia, para luego ser cultivadas en laboratorio. De esta manera pueden crecer y fortalecerse para crear nuevo tejido muscular. La tendencia innata de estas células para adherirse unas a otras, causa el aumento de volumen y la formación de pequeños filamentos de carne. Finalmente, estos filamentos se compactan para dar forma a la hamburguesa. Sin embargo, la carne sintética de momento no es exactamente un producto gourmet. Es incolora y para obtener el rojo se le agrega un colorante. También le falta el sabor, por tanto, se le añaden una serie de ingredientes. En el presente la Frankerburger es extremadamente costosa pero los acelerados progresos de la biología sintética hacen creer que en un futuro no muy lejano podría llegar a ser competitiva con la carne tradicional. Si eso ocurre, podría ser altamente beneficioso para el ambiente. La cría intensiva de ganado para producir carne tiene un fuerte impacto ambiental, siendo a nivel global, una importante causa de deforestación y de la emisión de metano, uno de los principales gases efecto invernadero.

Posteriormente introduje el tema central del día, es decir la "infonanobiotecnología".

El aumento de la productividad agrícola a la par de la minimización de los impactos negativos[138] de la actividad tiene un sustento muy importante en la infonanobiotecnología, es decir la conjunción de la biotecnología, la nanotecnología y las tecnologías de la información y comunicación (TIC).

En el pasado la revolución verde gestó el desarrollo de una agricultura con un fuerte contenido tecnológico consistente en variedades de alto rendimiento, obtenidas a través del mejoramiento genético convencional y el uso intensivo de insumos tecnológicos como los agroquímicos que permitieron aprovechar el potencial genético de las nuevas variedades. Los impactos de la revolución verde en los aumentos de los rendimientos y de la producción fueron evidentes, así como su contribución a disminuir el hambre en el mundo, principalmente en Asia.

En el presente, el nuevo paradigma está cambiando sustantivamente algunas características fundamentales de la revolución verde. El manejo uniforme de los predios está siendo sustituido crecientemente por la agricultura de precisión, mientras que la apuesta al desarrollo de un solo tipo de agricultura, se reemplaza por una pluralidad de formas para llevar adelante la actividad como la agricultura transgénica, la producción orgánica y las granjas verticales.

La agricultura de precisión engloba una serie de tecnologías de aplicación en la producción agraria orientadas a la gestión de la variabilidad espacial de las propiedades de los suelos y estado de los cultivos. Desde hace mucho tiempo atrás se sabe que la cantidad de cosecha recogida en una parcela agrícola no es uniforme en toda ella, a pesar de haber realizado todas las operaciones de cultivo (laboreo, siembra y abonado) de forma

---

[138] Meta 2.4 Para 2030, asegurar la sostenibilidad de los sistemas de producción de alimentos y aplicar prácticas agrícolas resilientes que aumenten la productividad y la producción, contribuyan al mantenimiento de los ecosistemas, fortalezcan la capacidad de adaptación al cambio climático, los fenómenos meteorológicos extremos, las sequías, las inundaciones y otros desastres, y mejoren progresivamente la calidad del suelo y la tierra.

homogénea. Existen factores ligados a las propiedades de los suelos, microclimas o agentes patógenos, que afectan de manera selectiva y con distintos grados de intensidad zonas concretas del terreno, dando lugar a lo que se conoce como variabilidad intraparcelaria. En este contexto la tecnología de posicionamiento satelital está permitiendo obtener datos georreferenciados de los lotes para un mejor conocimiento de su variabilidad y a partir de ello realizar, con maquinaria adaptada específicamente a tal fin, una aplicación variable de insumos (fertilizantes, semillas, agroquímicos, etc.) en función de los requerimientos de cada sitio dentro del lote. La utilización de las TIC en la agricultura de precisión es una demostración de la intensificación del uso de la información predial y de su contribución al mejor uso de los distintos factores de producción.

La ingeniería genética (manipulación del genoma de un organismo mediante la introducción o eliminación de genes específicos) ayuda a transferir características deseadas entre plantas generando como resultados los denominados cultivos transgénicos. Estos cultivos, a escala global se han incrementado 110 veces en tan solo veinte años de comercialización. Sin embargo, la difusión hasta la fecha está muy concentrada geográficamente sobre cinco países (Estados Unidos, Brasil, Argentina, Canadá e India) que en conjunto representan el 90% de la superficie mundial con cultivos transgénicos. El tipo de cultivos y aplicaciones logradas también es limitado. Dos terceras partes de la superficie corresponden a cultivos transgénicos tolerantes a los herbicidas.

Al respecto me referí en particular al caso de resistencia a herbicidas en la soja transgénica.

La soja ha sido mejorada por ingeniería genética para tolerar las aplicaciones de herbicidas a base de glifosato, un herbicida de amplio espectro que elimina a las malezas. El crecimiento de las malezas disminuye drásticamente el rendimiento y la calidad de los cultivos. La soja transgénica tolerante a glifosato se obtiene al insertarle a la planta un gen extraído de la bacteria Agrobacterium tumefaciens. Este gen codifica para la síntesis de una enzima que confiere resistencia al glifosato. Por lo tanto, al expresar este gen bacteriano, la planta de soja resulta tolerante al herbicida y sobrevive a su aplicación, mientras que las malezas que no tienen el gen que confiere tolerancia a glifosato, se mueren. El productor se beneficia porque además de controlar las malezas más fácilmente, con estos cultivos puede usar métodos de labranza conservacionistas, como la siembra directa, que ayuda a conservar el suelo y la humedad, simplifica el manejo y reduce los costos de producción.

Para finalizar describí algunas aplicaciones de la nanotecnología a las prácticas de fertilización agrícola.

Los nanoglóbulos encapsulan y protegen a los nutrientes que contienen los fertilizantes hasta el momento en que entran en contacto con la raíz o con las hojas de una planta, aumentando su biodisponibilidad. Esto, además de una buena nutrición en los cultivos, brinda una mejor eficiencia en el uso de los fertilizantes, reduciendo las perdidas (lixiviaciones) que muchas veces se asocian con procesos de eutrofización en cuerpos de agua. La contaminación por fertilizantes se produce cuando éstos se utilizan en mayor cantidad de la que pueden absorber los cultivos, o cuando se eliminan por acción del agua o del viento de la superficie del suelo antes de que puedan ser absorbidos. Los excesos de nitrógeno y fosfatos pueden infiltrarse en las aguas subterráneas o ser arrastrados a cursos de agua. Esta sobrecarga de nutrientes provoca la eutrofización[139] de lagos, embalses y estanques.

---

[139] Este proceso implica primero una explosión de algas producida por la alta concentración de nutrientes que es seguida después por un incremento en la tasa de descomposición del exceso de materia orgánica presente. Esto último termina agotando el oxígeno disuelto y afectando de esta manera la vida de plantas y

Al finalizar la clase, tenía una cita con mi médico de cabecera. Considerando mis antecedentes familiares había decidido hacerme un estudio genético para determinar el riesgo a padecer de Alzheimer. Cuando llegue el doctor me explico en qué consistía el mismo.

> *Los investigadores han identificado ciertos genes como el APOE que aumentan el riesgo de desarrollar Alzheimer. La prueba consiste en una extracción de sangre seguida de un análisis genético de la secuencia del gen. Tener la mutación de este gen solamente indica un riesgo mayor; no indica si la persona desarrollará Alzheimer. Hay que tener en cuenta que si se es portador asintomático de una de las mutaciones genéticas que causan alzhéimer, no se puede hacer nada para evitar tener la enfermedad. No obstante, una persona puede decidir saber si es portadora para poder planificar su vida.*

Me fui del consultorio con la orden para hacer el estudio.

---

animales acuáticos.

Sistemas híbridos de energía eléctrica

Inicié la clase hablando de una película estrenada en 2013, *"El gran apagón"*. La misma, proponía un escenario inesperado, una falla eléctrica de magnitudes catastróficas que perduraba por diez días provocando el colapso de los Estados Unidos. El filme retrataba las consecuencias que podría ocasionar una pérdida total de energía eléctrica. He aquí algunos de los sucesos que se decantan a partir del momento en que el país más poderoso del mundo colapsa ante la oscuridad total. En el primer día, se apagan las luces en la vía pública, las rutas están congestionadas y las personas están atrapadas en subterráneos y ascensores. La mayoría de los cajeros automáticos no está disponible. En el segundo los baños no funcionan y algunas áreas no tienen agua. No hay aire acondicionado y los alimentos se pudren. Los supermercados enfrentan una demanda masiva de agua embotellada, alimentos enlatados, pilas y velas. En el tercer día, la policía, los bomberos y el personal médico disponibles no son suficientes para contener los saqueos e incendios que ocurren por todos lados y se activa el toque de queda.

Después de esta introducción, presenté formalmente el tema de la clase, es decir la falta de acceso a los servicios de energía modernos.

> *Si todo lo anterior les genera una suerte de vacío en el estómago al imaginarse, usted y los suyos, en una situación como la que viven los protagonistas del filme, piense ahora que millones de personas en el mundo viven en la actualidad sin acceso a la energía eléctrica y no me refiero a que no la han tenido por diez días sino en algunos casos han vivido sin ella prácticamente toda su vida.*

> *Mientras en muchos países del mundo el nivel de electrificación es superior al noventa por ciento, algunas regiones de Asia y sobre todo de África están aún muy por debajo de ese número. La extensión del país, su topografía, y la baja densidad de población rural permanecen como barreras para la expansión de la red*

eléctrica (nuevas líneas de transmisión) a un costo razonable. Así, muchas personas permanecen sin acceso a servicios energéticos modernos.

Seguidamente me enfoqué en la tecnología con mayor potencial para llevar, en el corto plazo, energía a los lugares donde la red eléctrica no llega.

Un sistema híbrido es aquel que combina en una sola instalación varias fuentes energéticas, conectadas a una micro-red de distribución. Están compuestos generalmente por fuentes de generación renovable y fósil, y suelen incluir baterías para acumular la energía producida.

Tradicionalmente, las micro-redes aisladas han producido electricidad con generadores diesel, que muchas veces resultan costosos y dependen de llevar de manera continua el combustible para que funcione a lugares remotos que en general no son de fácil acceso. En este contexto, las ventajas ambientales y la mayor competitividad de las energías renovables han hecho cada vez más normal la integración de las energías fotovoltaica y eólica con generadores diesel en micro- redes híbridas. Estas también pueden incluir dispositivos de almacenamiento de energía tales como las baterías de iones de litio.

Los paneles solares fotovoltaicos se componen en general de celdas de silicio que convierten la luz en electricidad y en la actualidad tienen una eficiencia del orden del veinte por ciento. No obstante, a futuro la utilización de otros materiales como la perovskita o el grafeno podrían potenciar las capacidades y disminuir los costos de los paneles actuales.

Otro desafío por delante que enfrentan las micro-redes es el limitado tiempo de vida de las baterías. Los paneles solares y generadores diesel pueden durar décadas, pero las baterías que posibilitan el almacenamiento de energía fallan mucho antes. Este recambio de baterías hace en el presente más barato tener generadores diesel funcionando que añadir la cantidad suficiente de paneles solares y baterías como para proporcionar electricidad las 24 horas. El siguiente paso, con el desarrollo de baterías de mayor duración, es llegar a una situación en la que no se requiera contar con el respaldo energético de un generador diesel.

Ese día al terminar la clase me quedé revisando Facebook después de casi un año de no mirarlo. Tenía mis razones, no creía en esa falsa felicidad que venden las personas en las redes sociales. Cuando mi amigo Joseph se separó de su esposa de toda la vida, me enteré por Facebook. Cambió el estado de su perfil y publicó *"libre y feliz"* con una foto donde se lo veía radiante y que yo sabía era de unas vacaciones pasadas. Intenté llamarlo, pero no atendía el celular ni el fijo. Mientras el teléfono sonaba, su publicación se llenaba de "me *gusta*". Sus cientos de amigos le escribían palabras de aliento y él respondía con simpáticos emoticones. Volví a marcar su teléfono, ahora estaba desconectado. El silencio me insinuó que algo no andaba bien. Sospeché de su felicidad declarada y salí para su casa. Después de tocar timbre varias veces, se asomó por la rendija de la puerta y me abrió rápido. Estaba pálido, con los ojos hinchados y una remera de su ex puesta de camisón. Lo abracé sin decirle nada y, entre lágrimas, me confesó: *"no quería que nadie supiera que estoy así"*.

Vivimos gran parte del tiempo en una realidad paralela. Las redes sociales nos permiten construir y mostrar una imagen de nosotros mismos que muchas veces no coincide con la verdadera. En Twitter y en Facebook no somos quienes somos, sino quienes quisiéramos ser. Todos suben fotos donde se los ve plenos, sonrientes y alegres. No hay lugar para la duda, la angustia o el silencio. Las redes sociales son una red de mentiras compartidas. Nadie quiere enterarse de las desgracias ajenas ni hacer públicas las propias. Por eso disfrazamos el miedo y el hastío con emoticones, selfies y frases hechas. Después nos regocijamos frente a los *"me gusta"* y nos sentimos satisfechos, hemos recibido la dosis de narcisismo necesaria para soportar el día.

Generación distribuida y movilidad eléctrica

Permítanme invitarlos a un paseo por la ciudad del futuro. Imaginen el techo de su casa y el de de todos sus vecinos tapizados de placas fotovoltaicas. Este tipo de energía renovable podría satisfacer la mayor parte de las demandas de la propia casa, mientras que si en algún momento del día quedara un resto no utilizado se podría entregar a la red eléctrica recibiendo una retribución económica por ello y permitiendo que otras casas utilicen la energía limpia que sale de sus techos. Es decir, cada casa tendría la posibilidad además de recibir energía eléctrica de la red, que es lo que ocurre hoy, la posibilidad de generar su propia energía y si tiene en exceso entregarla. Continúe soñando con la posibilidad de lograr ahorros en su factura eléctrica a partir de utilizar los electrodomésticos que más consumen energía, como el lavarropas y la plancha, en los momentos de menor demanda de la misma y por lo tanto cuando la tarifa es más baja[140]. Imagínese volviendo de un día de trabajo y enchufando su automóvil a la red eléctrica para que recargue su batería. En los días que no va a trabajar igual deja el auto conectado porque en esos horarios hay una gran demanda de electricidad de los otros hogares y entonces la batería de su auto entrega parte de la energía acumulada durante la noche para satisfacer la demanda del sistema. Esto nuevamente le permite un ahorro en su factura de electricidad a través de la venta a la red del excedente.

El relato previo sirvió como introducción a mi quinta clase, que continuó con la definición de una red de energía inteligente,

Las redes inteligentes incorporan la posibilidad de establecer una comunicación digital entre todos los que intervienen en el ciclo energético (generadores, transmisores, distribuidores,

---

[140] Usted podría saber ello a partir de medidores inteligentes instalados a tal fin en los hogares.

Después hable sobre la generación distribuida y el enorme potencial existente en su combinación con la movilidad eléctrica.

necesiten ser recargadas, el flujo se invertirá y será la red quien entregue electricidad al coche.

En 2015 se logró superar la barrera del millón de coches eléctricos (de batería e híbridos enchufables) en circulación siendo los Estados Unidos, China, Japón, Holanda y Noruega, los que aglutinan el mayor porcentaje de los mismos. No obstante, para alcanzar el uso masivo de esta tecnología se requerirá crear la infraestructura de recarga que permita abordar los viajes de larga distancia.

Biocombustibles en el transporte

En la segunda parte de la saga "Volver al futuro", estrenada en 1989, Marty McFly viaja al futuro, al 2015 para ser más precisos. Hay una escena de la película en la que el doctor Brown saca su aparato generador de energía, lo apoya en el techo de su vehículo, echa basura dentro de su recipiente, como si estuviera preparando un licuado, y en un instante tiene el combustible listo para su auto. La película no predijo exactamente el mundo en 2015 pero se acercó bastante. No tenemos en el mercado autos que vuelen, ni podemos todavía viajar en el tiempo, pero si podemos producir biocombustibles, como el biodiesel, bioetanol y biogás a partir de diversas materias primas, incluyendo cultivos agrícolas (como la soja, el maíz y la caña de azúcar) y residuos orgánicos de la basura[141].

Continúe con una breve explicación sobre diferentes alternativas para la producción de biocombustibles.

Los biocombustibles de mayor uso en el presente proceden de materias primas vegetales, a través de transformaciones biológicas y físico-químicas. Actualmente se encuentran desarrollados principalmente dos tipos: el biodiesel, obtenido a partir de la transesterificación de aceites vegetales y grasas animales con un alcohol ligero, como metanol o etanol; y el bioetanol, obtenido fundamentalmente mediante fermentación de los azucares en ciertas plantas como la caña de azúcar y el maíz.

Una manera común de clasificar los biocombustibles atiende a la materia prima y la forma en que se generan. Por biocombustible de primera generación se entiende en general el etanol producido a partir de cultivos con un alto contenido de azúcar (como la caña

---

[141] El biogás se produce a partir de la descomposición anaeróbica de los residuos orgánicos en los rellenos sanitarios o en biodigestores alimentados con ciertos tipos de efluentes industriales o domésticos.

de azúcar) o de almidón (como el maíz) y el biodiesel de semillas oleaginosas (como la soja o la palma). En la mayoría de los casos, estas materias primas también pueden utilizarse como alimentos y piensos. Los biocombustibles de segunda generación son los elaborados a partir de biomasa no comestible o lignocelulósica. Las materias primas lignocelulósicas comunes son subproductos agrícolas (p. ej., el rastrojo de maíz o el bagazo de caña) y residuos forestales. Los biocombustibles obtenidos a partir de materias primas que no compiten con los cultivos por las tierras de alta calidad o que crecen en condiciones de estrés hídrico (como la jatrofa) a veces también se consideran de segunda generación, a pesar de utilizar métodos convencionales. Finalmente, por biocombustibles de tercera generación se entienden los biocombustibles que no compiten con los cultivos alimentarios ni con las tierras. Normalmente los biocombustibles a base de microalgas entran dentro de esta categoría.

Después me referí en particular al caso del etanol de la caña de azúcar en Brasil, probablemente uno de los casos más exitosos del uso de biocombustibles en el sector del transporte.

Los biocombustibles son un sustituto directo e inmediato para los combustibles fósiles líquidos utilizados en el transporte. Pueden ser fácilmente integrados en los sistemas logísticos actualmente en operación, a partir de reemplazar un porcentaje del gasoil y la nafta por biodiesel o bioetanol.

Hace treinta años, cuando un litro de etanol valía tres veces más que un litro de gasolina, muy pocos países hubieran considerado invertir en él como combustible. Pero Brasil tomó ese camino, y ahora produce el etanol más barato del mundo. La tradición y experiencia en el cultivo de caña de azúcar, la materia prima más eficiente para la producción de etanol, fue esencial para desarrollar el sector. Hoy, Brasil es el segundo productor de etanol del mundo y la mayor parte del mismo se utiliza como combustible de los vehículos en su territorio. Parte de la demanda se debe al éxito de los autos que tienen uso flexible de combustible, que pueden funcionar con gasolina, etanol o una mezcla de ambos. Con la demanda internacional por fuentes de renovables en aumento, Brasil tiene muchos desafíos que enfrentar si quiere continuar a la cabeza del mercado del etanol. Producir etanol de bagazo de caña de azúcar y paja será un paso en esa dirección. Esos componentes son ricos en celulosa y convertirlos en etanol permitiría que toda la biomasa de caña de azúcar fuera usada sin dejar ningún desperdicio.

Finalmente abordé la problemática de los biocombustibles y la seguridad alimentaria.

El desarrollo de biocombustibles comprende tanto oportunidades como riesgos en los aspectos económicos, sociales y ambientales dependiendo del contexto y las prácticas. En algunos casos, la producción de biocombustibles de primera generación (es decir, que derivan de cultivos que son alimento) pueden tener como efecto colateral el aumento de precios de productos agrícolas. Esto es aún más grave para el caso en que el cultivo constituya el alimento base de la población más pobre. Por ejemplo, en México la producción de etanol a partir de maíz ha sido cuestionada por algunos, en tanto podría incrementar el precio de la tortilla que es fundamental en la canasta alimentaria de los sectores con menores recursos económicos.

Economía circular: el valor de los residuos

Me levanté temprano y me dirigí a la clínica para realizarme una extracción de sangre. Estaba nervioso y más aún después de saber que los resultados del estudio genético demorarían un par de semanas. Cuando me conecté para iniciar la clase tuve que realizar un esfuerzo extra para concentrarme en el tema del día. Empecé con una frase disparadora.

> *Dicen que la basura es un producto útil que se encuentra en el lugar equivocado, el cesto.*

> *La forma tradicional para eliminar la basura ha sido quemarla o acumularla en sitios adecuados. En Europa, con escaso espacio para la disposición en terreno, numerosas plantas generan energía a partir de la incineración de residuos. En países en desarrollo, la práctica usual, en el mejor de los casos, es enterrarla en rellenos sanitarios, aunque la realidad muestra que en una gran parte de los mismos persisten los basurales a cielo abierto. Enterrar los residuos implica un desperdicio de materias primas, agua y energía empleada en fabricar bienes y alimentos. A ello se suman las dificultades para dar apertura a nuevos lugares de disposición final debido a la fuerte negativa de los vecinos a tenerlos cerca del lugar donde viven. En este contexto, la tendencia es no ver a los residuos ya como un problema sino como una fuente de recursos aprovechables.*

Después presenté el concepto de economía circular.

> *Los últimos ciento cincuenta años de evolución industrial han estado dominados por un modelo de producción y consumo lineal, según el cual los bienes son producidos a partir de las materias primas, vendidos, utilizados y finalmente desechados como residuos. El objetivo es pasar de este modelo lineal a la economía circular, pensada y diseñada para recuperar toda la materia y la energía que se utilice en los procesos de producción. La economía*

circular trasciende el concepto de reciclado. Surge desde el proceso previo de fabricación porque hay que repensar y rediseñar los productos, así como los procesos de producción, con el objetivo inicial de promover su reutilización[142] y reciclado. De esto se tratan las estrategias de ecodiseño que se describen a continuación.

La primera estrategia consiste en mejorar el concepto del producto, centrándose en la función que cumple y las necesidades que satisface, considerando si se pueden llegar a conseguir nuevos productos más sostenibles que cumplan con la misma función. En el extremo se puede pensar en la desmaterialización, es decir reemplazar algunos componentes o el propio producto por un sustituto inmaterial que cumpla la misma función. El correo electrónico es un ejemplo de desmaterialización, puesto que sustituye al papel y la tinta que requiere el fax para satisfacer la misma necesidad. La multifunción, también contribuye a esta estrategia, en tanto integra dos o más funciones en un solo producto. Por ejemplo, hoy en día muchas impresoras, cumplen al mismo tiempo la función de fax y scanner, con lo cual basta tener un solo producto para contar con las tres funciones. Una segunda estrategia consiste en seleccionar materiales de bajo impacto ambiental, en el mejor de los casos renovables. Otra estrategia muy importante consiste en incrementar la vida útil del producto. El objetivo es satisfacer las necesidades del usuario durante un mayor periodo de tiempo, tanto a nivel técnico como estético, evitando la necesidad de reemplazar frecuentemente el producto. Una acción que puede contribuir a esto, es el diseño de productos con una estructura modular, permitiendo que se pueda actualizar el producto a lo largo del tiempo, sin necesidad de cambiarlo íntegramente. Por último, las estrategias orientadas a la etapa de fin de vida del producto tienen como objetivo asegurar una gestión adecuada de los residuos, con la finalidad de valorizar la

---

[142] Meta 12.5: De aquí a 2030, reducir considerablemente la generación de desechos mediante actividades de prevención, reducción, reciclado y reutilización.

totalidad o la mayor parte del producto. En este sentido, diseños que permitan desmontar con mayor facilidad los componentes de un producto, contribuirán a la reutilización o reciclado de los mismos.

A continuación, hablé sobre la generación de energía a partir del biogás producido por la descomposición de los residuos orgánicos.

La economía circular también incluye el aprovechamiento energético de los residuos. La descomposición anaeróbica, en ausencia de oxígeno, de la materia orgánica produce un gas que contiene más de un 60% de metano. Este gas se designa usualmente como biogás y se puede utilizar como combustible renovable en automóviles o para generar energía eléctrica. Existe un gran número de residuos que contienen materia orgánica, que puede ser tratada mediante digestión anaeróbica para la obtención de biogás: la fracción orgánica de los residuos sólidos urbanos, los fangos de estaciones de depuradoras de aguas residuales urbanas, las aguas residuales urbanas e industriales, los residuos industriales orgánicos y los residuos agrícolas y ganaderos. Los rellenos sanitarios[143] generan un gran volumen de emisiones de gases procedentes de la digestión anaeróbica de la materia orgánica. Mediante la instalación de plantas de aprovechamiento energético del biogás generado, se consigue el doble objetivo ambiental de aprovechar la materia orgánica para generar energía y, al mismo tiempo, reducir las emisiones de gases, en particular del metano, que contribuyen a potenciar el calentamiento global.

---

[143] El relleno sanitario es una técnica de disposición final de residuos sólidos mediante la cual se los compacta y cubre con tierra y se los rodea con una membrana de un material altamente impermeable, como el polietileno de alta densidad. Esta técnica busca minimizar los daños al medio ambiente controlando los efectos potenciales de contaminación mediante el tratamiento de los efluentes líquidos y gaseosos que producirá la basura al descomponerse.

Finalmente, hice un comentario sobre una problemática creciente, los residuos plásticos en los océanos.

La economía circular puede contribuir a reducir, no solo los residuos plásticos que llegan a los rellenos sanitarios, sino también los que por diversas razones terminan acumulándose a lo largo y ancho de los océanos[144] de nuestro planeta. Todos los años casi ocho millones de toneladas de plásticos van a parar en el océano[145]. Para tener una idea, es como si un camión de basura lleno fuera descargado en el mar por minuto. El plástico es altamente resistente, afecta a los organismos y demora siglos en degradarse. Debido a la acción de la luz solar y del agua se descompone en partículas minúsculas formando el microplástico que es bioacumulado por los pequeños organismos que componen el plancton marino. El proceso se repite y amplifica (biomagnifica) a lo largo de la cadena trófica y termina causando intoxicaciones en los niveles superiores como el de las aves marinas o incluso los seres humanos.

---

[144] El Mediterraneo, seguido del Mar Caribe son los que presentan el mayor nivel de contaminación por residuos plásticos.

[145] Meta 14.1: Para 2025, prevenir y reducir de manera significativa la contaminación marina de todo tipo, en particular la contaminación producida por actividades realizadas en tierra firme, incluidos los detritos marinos y la contaminación por nutrientes.

Soluciones digitales y las TIC

Me desperté con la grata sorpresa que siempre es recibir el desayuno en la cama. Bueno, no era tan inesperado si se considera que era la práctica habitual en mi familia para ese día particular del año, es decir mi cumpleaños. Recibí con alegría los abrazos y besos de mi mujer y mi hija acompañados de la camisa y el libro que me regalaron. De mi hijo, que se había quedado a dormir en lo de un amigo, recibí un mensaje acompañado de un *"emoji"* sonriente en mi teléfono. Eso influyo mi introducción de la clase del día sobre soluciones digitales.

> *Ustedes pueden creer que en el 2015 el Diccionario Oxford eligió como la palabra en la red más usada del año un pictograma, emoji, en particular el de la risa con lágrimas en los ojos. Esta elección tiene mucho que ver con el gigantesco incremento del uso de pictogramas en las comunicaciones digitales. Aunque los emojis y emoticonos[146] empezaron a ganar popularidad a principios de los noventa, el desarrollo de la telefonía móvil y la popularización de aplicaciones como Whatsapp ha disparado su uso. Los emojis no están reservados a adolescentes que envían mensajes de texto, sino que se han aceptado como una forma de expresión matizada que además puede cruzar barreras idiomáticas.*

Después me referí a como las Tecnologías de la Información y la Comunicación (TIC) estaban impactando, no solo en los procesos de comunicación, sino también en una diversidad de aspectos relativos al logro del desarrollo sostenible.

> *El sector de las tecnologías de la información y la comunicación[147] (TIC) puede desempeñar un papel clave en la consecución de los*

---

[146] Los emoticones aparecieron primero y en forma de texto. Hoy comprenden texto y también imágenes. Reflejan casi siempre emociones. Los emojis siempre tuvieron forma de imagen y llegaron después. Representan cualquier cosa.

[147] TIC agrupan los elementos y las técnicas utilizadas en el tratamiento y la transmisión de las informaciones, principalmente de informática, internet y

Objetivos de Desarrollo Sostenible. A medida que las tecnologías digitales van permeando en todas las actividades de nuestras sociedades, aumenta su importancia e impacto en los patrones de crecimiento económico, la inclusión social y la sostenibilidad ambiental. En 2015, se estimaba que, en el mundo, 4.700 millones de personas estaban suscriptas a la telefonía móvil (mayor cantidad que a la telefonía fija) y que 3.200 millones de habitantes, usaban Internet. Las tecnologías digitales e Internet han permitido el establecimiento de plataformas de actividades para la comunicación, el entretenimiento, la prestación de servicios de educación, salud y comercio. Con relación a este último aspecto, al observar el mapa de los medios de pago móvil en el mundo sorprende su alta utilización en regiones con escaso nivel de desarrollo y, entre ellas, particularmente en África. La explicación está en que en esa parte del mundo, un amplísimo número de ciudadanos posee teléfono móvil, mientras que son muy pocos los que tienen cuentas bancarias. La expansión del uso de los teléfonos móviles ha estado acompañada de la posibilidad de acceder a servicios electrónicos. Esencialmente, los servicios de banca móvil permiten depositar y retirar dinero en oficinas de la red de agentes del operador telefónico y en cajeros automáticos. El funcionamiento es sencillo. El pagador envía al cobrador un SMS con la cantidad de la transacción y un código PIN. Acto seguido, el receptor acude a la oficina o cajero, donde tras verificarse que el código es correcto se le hará entrega del dinero en efectivo.

Si bien las TIC han logrado permear en la vida de muchas personas hay una gran cantidad todavía que no puede acceder a las mismas. La brecha digital es una expresión que hace referencia a la diferencia en el acceso a los beneficios de las TIC, ya sea por falta recursos materiales (teléfono, computador, acceso internet) o por su capacidad para utilizarlas de forma eficaz, debido a los distintos niveles de alfabetización.

Posteriormente me concentré en el uso de las TIC para la identificación de las personas y los beneficios que esto conlleva.

Los individuos que nacen en países desarrollados tienen identificaciones oficiales que los vinculan a una serie de servicios como votar en una elección, acceder a una cuenta bancaria o a un subsidio. No obstante, cuando no existe un sistema de registro civil o este es deficiente, muchas personas pobres simplemente no son contabilizadas. Los sistemas sólidos de identificación personal[148] son fundamentales para la eficacia de muchos programas de desarrollo evitando la exclusión legal, política, social y económica. En este sentido, los sistemas de identificación digital pueden ampliar el acceso a los servicios para los 2400 millones de personas que carecen de documentos de identificación formales, como las partidas de nacimiento. Un ejemplo de ello es el programa Aadhar a partir del cual el gobierno indio ha identificado a más de mil millones de personas en la mayor base de datos biométricos (con detalles como el iris o las huellas dactilares) del mundo. Para algunos esto es una hazaña digna de admiración, y para otros un peligroso experimento que pone mucha información privada en riesgo. El programa arrancó en 2009 con el reto de registrar digitalmente a todos los habitantes del segundo país más poblado del mundo, unos 1250 millones. En el presente, Aadhar ha conseguido superar la barrera de los mil millones de personas archivadas. Hasta ahora, para identificarse en la India se utilizaba desde el carné de conducir hasta las tarjetas de votante o de racionamiento, pero millones de personas carecían de cualquier documento. El número único de identificación que se obtiene con la tarjeta Aadhar, de doce dígitos, facilita el acceso a subsidios y servicios públicos o trámites como la apertura de una cuenta bancaria.

---

[148] Meta 16.9: De aquí a 2030, proporcionar acceso a una identidad jurídica para todos, en particular mediante el registro de nacimientos.

A continuación, hablé sobre los desafíos asociados a la generación de enormes volúmenes de datos y la disponibilidad de herramientas para analizarlos en pos de bridar soluciones a la gente.

El aumento de la potencia y la convergencia de las capacidades de transmisión, cómputo y almacenamiento, así como la permeabilidad de las tecnologías digitales en la economía, están dando lugar a una fase transformacional basada en los grandes datos (Big Data) y la minería del conocimiento (datamining).

Cada día creamos 2,5 trillones de bytes de datos. El 90% de los datos en toda la historia del mundo se han creado en los dos últimos años. Los grandes datos provienen de numerosas fuentes, desde satélites hasta sensores, y desde la nube hasta las plataformas colaborativas. Este aumento del volumen y los formatos de datos ha inducido el desarrollo de nuevas herramientas y tecnologías para generar inteligencia a partir de la información almacenada. La capacidad analítica en tiempo real de grandes volúmenes de datos se ha convertido, de este modo, en una competencia clave que hoy se materializa fundamentalmente a partir de las herramientas que abarca la minería del conocimiento.

Entre la diversidad de casos donde la minería del conocimiento puede hacer la diferencia, me referí en particular a la utilización de los datos que generan los teléfonos móviles para la identificación de bolsones de pobreza, la planificación del transporte urbano y la prevención de epidemias.

Los patrones de uso del teléfono varían según los atributos demográficos y socioeconómicos de los usuarios. La cantidad y duración de las llamadas y la frecuencia y monto de carga de tarjetas prepagas han sido utilizadas en investigaciones para determinar niveles socioeconómicos, género y otros atributos de los usuarios de telefonía móvil. Los datos de los celulares también incluyen la localización espacial de los usuarios a lo largo del tiempo, lo cual está siendo utilizado para el diseño de mejores sistemas de transporte urbano y para entender patrones de movilidad en poblaciones sujetas a epidemias o eventos de desastres naturales.

Los teléfonos móviles están periódicamente estableciendo contacto con la red del operador para que éste tenga ubicada la estación base a la que el terminal está conectado. Por lo tanto, constantemente estamos generando un volumen gigantesco de datos que no se suelen procesar y que, sin embargo, tienen un increíble potencial más allá de ofrecer información de llamadas cursadas o ubicaciones por las que nos hemos movido. A través del procesamiento de los registros de señales de celular es posible estudiar la movilidad de las personas. Los datos de localización de los teléfonos móviles se utilizan para inferir los flujos de origen y destino en la ciudad, que luego se convierten a la cantidad de pasajeros en la red de transporte existente. A partir de ello, se puede, por ejemplo, diseñar los mejores recorridos para nuevas bicisendas o líneas de autobús teniendo en cuenta la demanda de movilidad en cada momento del día de las personas.

Para poder proveer asistencia humanitaria y restaurar servicios básicos en las áreas afectadas por desastres, los gobiernos y las organizaciones requieren de datos actualizados que puedan ser recolectados rápidamente y a un costo modesto. En este contexto, los datos de telefonía móvil pueden contribuir a entender patrones de movilidad en poblaciones afectadas por desastres naturales como los huracanes y los temblores Este fue el caso de Haití después del terremoto de 2010, el cual inspiró a varios investigadores a examinar el potencial de estos datos para producir rápidamente información de rastreo de alta frecuencia sobre el desplazamiento de la población a corto plazo. Por ejemplo, Lu et al., (2012) analizando millones de CDR identificaron los destinos de las personas que dejaron la capital de Haití después del terremoto. En el caso de un nuevo temblor, esta información puede ser de utilidad para diseñar las estrategias de ayuda post-evento orientadas a los lugares donde se espera recibir personas afectadas.

Por otro lado, las redes sociales como Twitter, pueden ser útiles para alertar sobre epidemias. Por ejemplo, seleccionado todos los tuits en los que se habla sobre la gripe, analizando su localización y contrastándolos con los datos de los hospitales, se puede detectar una epidemia en menor tiempo que con los datos convencionales que solo dependían de la atención de pacientes en centros de salud. Hoy en día casi todo se puede rastrear a través de las redes sociales, analizando las publicaciones y actualizaciones de estado de los usuarios. Existen aplicaciones que utilizan datos como tuits comentando que alguien se engripó, para crear en tiempo real mapas de contagio e infección, avisándote al mismo tiempo si algún conocido cercano está enfermo, con el fin de tomar a tiempo las precauciones oportunas.

La utilización de los datos de los servicios de movilidad, producidos entre otros por los teléfonos, ha abierto un debate sobre el derecho a la privacidad de los usuarios. Ya hay operadores que se plantean, dentro de su negocio estratégico, explotar la información estadística de sus redes y ofrecer esta información a terceros, por ejemplo, en forma de mapas de uso de servicios en movilidad por parte de los usuarios. A partir de ello sería posible obtener modelos predictivos de los movimientos que hacen las personas y, por tanto, si los datos no se tratan adecuadamente, supone un riesgo para la privacidad de los mismas.

A continuación, hablé sobre la "Internet de las cosas".

La "Internet de las cosas" implica la capacidad de que objetos, máquinas y personas interactúen remotamente a través de Internet en cualquier lugar y tiempo, gracias a la convergencia de tecnologías. Su implantación implica una tercera etapa del desarrollo de la red, con grandes cambios en su alcance y contenido. En una primera etapa, en la década de 1990, la

Internet fija conectó a mil millones de usuarios mediante computadoras personales. En la segunda, en la década de 2000, la Internet móvil conectó a más de dos mil millones de usuarios mediante teléfonos inteligentes, con expectativas de aumentar significativamente ese número en el futuro. En la tercera etapa, se espera que la Internet de las cosas conecte a la red a varios miles de millones de objetos que no se consideran habitualmente computadoras, desde bienes de consumo personal, como relojes inteligentes, hasta automóviles, equipos para el hogar y maquinaria industrial. Estos objetos recolectarán datos de sus alrededores que luego serán transmitidos y analizados de manera remota para entregar servicios y controlar otros dispositivos.

Terminé la clase describiendo una problemática asociada al consumo masivo de las TIC, la basura electrónica.

La sociedad de hoy en día se caracteriza por el crecimiento exponencial de novedosos dispositivos electrónicos. Una consecuencia de este proceso es que las nuevas tecnologías rápidamente se vuelven obsoletas y son superadas por nuevos productos, obligando al consumidor a un recambio compulsivo que termina incrementando el reservorio de la basura electrónica. Se llama basura electrónica a todos aquellos dispositivos eléctricos o electrónicos que han llegado al final de su vida útil y, por lo tanto, son desechados. Computadoras viejas, televisores, celulares, electrodomésticos, impresoras, etc. Algunos se rompen y otros quedan obsoletos por el avance de la tecnología. La mayor parte de la basura electrónica se descarta en basurales. La misma contiene además de componentes que son recuperables o reciclables, elementos, como algunos metales que pueden ser muy perjudiciales para el ambiente.

Satélites y la democratización del espacio

La clase empezó demorada ya que previo a la misma tuve que resolver un imprevisto con mi madre. En su "bamboleo[149]" diario se había tropezado y en la caída había sufrido un fuerte golpe en la espalda. Afortunadamente no fue necesario internarla. Al despedirme para partir rumbo a la clase, estaba lúcida y plenamente consciente de quién era y que hacía allí. Sentí alivio de saber que todavía quedaban posibilidades de conexión y sobre todo de poder estar allí para aprovecharlas.

Ni bien ingrese a la plataforma, todos los alumnos ya estaban registrados y esperando el inicio de la clase, que esta vez sería sobre la tecnología satelital,

> *Los satélites tienen sensores que captan la luz reflejada o emitida por la superficie terrestre. Existen de dos tipos: a) pasivos: son aquellos que pueden registrar información a través de la energía emitida o reflejada por los distintos objetos, siendo el origen de esta energía una fuente ajena al sensor; y b) activos: son aquellos que pueden registrar información a través de la energía reflejada por los distintos objetos, siendo el origen de esta energía el propio sensor. Es decir, que es capaz de emitir su propio haz de energía (Radar y LIDAR).*

> *Las imágenes satelitales están siendo utilizadas para identificar bolsones de pobreza, patrones de deforestación, disponibilidad de reservas de agua subterránea, concentración de gases efecto invernadero en la atmósfera, la dinámica de crecimiento de las ciudades e incluso para monitorear las actividad y existencias de industrias específicas. Por otro lado, la medición de la luminosidad nocturna a través de satélites se está utilizando para el monitoreo*

---

[149] Un tipo de caminata oscilante, característica de la enfermedad, que en general se da repetitivamente a lo largo del día.

del acceso a la energía eléctrica y como un proxy de desarrollo socio-económico.

A continuación me referí con mayor detalle a los aportes que los satélites pueden hacer en materia de desarrollo sostenible,

Los satélites prestan corrientemente diversos servicios incluyendo los de comunicación, navegación, así como la facilitación de las actividades de socorro en casos de emergencia y la vigilancia de los recursos naturales. Las imágenes ofrecidas por los satélites de observación de la Tierra se han convertido en la principal herramienta para la determinación del estado de la masa forestal y el avance de fenómenos como la deforestación y desertificación en diferentes regiones del globo.

La observación y el pronóstico del tiempo por medio de satélites es de importancia esencial para los agricultores. Los satélites son un importante elemento complementario de las estaciones meteorológicas terrestres para la predicción de tempestades, inundaciones y heladas. Los satélites también pueden contribuir a salvar vidas en caso de desastres naturales, por ejemplo, a través del monitoreo del impacto en el territorio de una inundación ayudando a tomar medidas preventivas en los lugares que aún no han sido afectados. Para situaciones de grandes desastres, existe desde el 2000 una iniciativa de las Naciones Unidas, la Carta Internacional sobre el Espacio y Grandes Catástrofes, que establece un sistema de cooperación voluntario a escala mundial entre agencias espaciales, que hace posible acceder a productos e información obtenidos mediante satélites para contribuir a la respuesta frente a este tipo de eventos.

Durante casi 30 años, los científicos han utilizado imágenes satelitales nocturnas de la Tierra como un proxy de desarrollo y actividad económica. Cada píxel de una imagen satelital representa una de la Tierra asociada con un número digital que mide la luminosidad durante la noche. Cuanto más luminoso es el lugar, más alto es el número para ese píxel. La agregación de estos números para todos los píxeles en un país se convierte en un indicador del nivel de actividad de ese país por la noche. Cuando un indicador de este tipo se compara entre países y a lo largo del tiempo, se transforma en un instrumento de medición del desarrollo y las fluctuaciones económicas. Las imágenes nocturnas también están permitiendo estimar, a partir de los cambios de luminosidad en el tiempo, las regiones que presentan mejoras en el acceso a la energía eléctrica.

Las imágenes satelitales también están siendo utilizados para la identificación de bolsones de pobreza. Las carreteras sin asfaltar, extensiones agrícolas o instalaciones ganaderas, los recursos hídricos, los materiales que componen los tejados de las viviendas en las zonas urbanas o rurales, entre otros, son factores que ayudan a discernir una zona próspera de otra donde hay pobreza.

Después me enfoque en las limitaciones de los países en desarrollo para acceder a la tecnología satelital y las oportunidades que en este contexto ofrecían los nanosatelites,

El mundo desarrollado ya hace uso hace tiempo de los satélites para monitorear y manejar los desastres. En 2005, por ejemplo, varios satélites de la NASA siguieron la estructura e intensidad del huracán Katrina a través del ciclo de vida de la tormenta, proporcionando información para guiar la recuperación posterior, evaluar los daños y analizar los impactos ambientales. Por otro lado, para muchos de los países en desarrollo que con frecuencia son también los más vulnerables, el uso de los satélites para el manejo de desastres es bastante más limitado. En parte esto refleja las barreras de acceso, como los costos asociados a la obtención de las imágenes. En este sentido, colaboraciones como las de la Carta Internacional mencionada previamente, que ofrece a los gobiernos la posibilidad de acceder a información satelital gratuita, contribuye a hacer frente a los desastres en curso. Sin embargo, todavía es una deuda pendiente la posibilidad de que los países desarrollados aprovechen plenamente los beneficios de contar con satélites propios que puedan usar no solo en situaciones de emergencia sino también en el monitoreo de largo plazo y la predicción de riesgos. En este contexto, los nuevos satélites pequeños surgen como una alternativa extremadamente interesante en pos de lograr este objetivo.

Los satélites son clasificados de acuerdo con su masa en un rango que va de los grandes (más de una tonelada) pasando por medianos y pequeños hasta los nanosatélites de (uno a 10 kilogramos). Desde hace más de una década se ha desarrollado una gran industria e investigación relacionada con los nanosatélites. Los mismos permiten acercar las misiones espaciales a las naciones que tradicionalmente estaban fuera del área espacial debido a la imposibilidad de solventar los costos de una misión tradicional.

Finalmente abordé la problemática de la basura espacial,

No todas son buenas noticias cuando hablamos de la tecnología satelital. Los satélites inactivos forman lo que se conoce como basura espacial, es decir, objetos artificiales desactivados en órbita alrededor de la Tierra. Además de satélites, la basura espacial también incluye partes de cohetes que quedaron en el camino y fragmentos generados por las explosiones o las colisiones entre artefactos. El problema de la basura espacial no es sólo una cuestión de cantidad. Toda esta chatarra da vueltas alrededor de nuestro planeta a enormes velocidades, cercanas en algunos casos a los 30.000 kilómetros por hora. Si uno de esos fragmentos, por muy pequeño que sea, impacta contra un satélite o una nave, puede dañarlos seriamente. En resumen, toda esta basura que gira alrededor de la tierra supone un serio riesgo para las misiones espaciales, tanto actuales como futuras.

14. Consumo sostenible

Inicié la última clase del curso con una diapositiva que incluía una frase Mahatma Gandhi.

> *"La Tierra tiene suficientes recursos para satisfacer las necesidades de los hombres, pero no para saciar su codicia."*

En la misma línea seguí con el desarrollo de algunas ideas que obtuve del libro de Tim Jackson[150], *"Prosperidad sin crecimiento"*. Jackson explica que, una vez superado un umbral determinado de renta per cápita, el nivel de satisfacción o bienestar disminuye su sensibilidad frente al incremento del PIB per cápita. Dicho de otro modo, una gran parte de la población de países desarrollados que ya ha superado este nivel de renta no cambia sensiblemente su nivel de bienestar por incrementar sus ingresos aún más. No obstante, la opulencia material y el aumento continuo de sus rentas si tiene un efecto negativo sobre la disponibilidad de recursos para otros. En este contexto, Jackson sostiene que la prosperidad consiste en nuestra habilidad para progresar como seres humanos dentro de los límites del planeta. El reto de nuestra sociedad es crear las condiciones para que eso sea posible y acabar con la "patología" con la que sigue funcionando el sistema de un crecimiento infinito en un sistema finito.

Este último concepto responde a una corriente económica, la economía ecológica, que sostiene que el ecosistema Tierra es cerrado en materiales y consecuentemente la economía no puede crecer ilimitadamente. El crecimiento estará, tarde o temprano, frenado por razones físicas, antes que económicas. En cada rama de la actividad económica, el ser humano se depara con materiales no renovables, o con la capacidad de soporte de ciertos ciclos físico-químicos que no puede ignorar. De allí la necesidad de políticas económicas que orienten hacia la utilización más eficiente de los

---

[150]Economista ecológico y profesor de desarrollo sostenible en la Universidad de Surrey

recursos[151], la sustitución de los no renovables por renovables, y la reducción de los contaminantes que alteran los ciclos biogeoquímicos.

Después abordé la temática del consumo sostenible[152].

Aunque tal vez no nos demos cuenta de sus consecuencias, las elecciones que hacemos todos los días como consumidores tienen un gran impacto. Nuestras elecciones de consumo definen mercados y patrones de consumo, tienen una gran influencia en nuestros recursos naturales, en nuestros ecosistemas y en la comunidad global. Elegir lo que se compra es votar en el mercado, es decir, apoyar o rechazar determinadas prácticas corporativas. Elegir lo que se compra también implica enviar un mensaje a aquellos que toman decisiones en ámbitos gubernamentales y empresariales.

El consumo sostenible implica repensar las definiciones de necesidad y deseo. Abarca también los principios de moderación y suficiencia como medios para frenar los desequilibrios sociales, económicos y ambientales. El consumo sostenible se cimienta en el principio de la unidad de la humanidad y del derecho de todas las personas a tener sus necesidades básicas cubiertas.

Los patrones de consumo de hoy deben cambiar para que mañana podamos avanzar hacia el desarrollo humano. Hay muchos aspectos que, con sencillos cambios, pueden tener un gran impacto en el conjunto de la sociedad. Por ejemplo, cada año, alrededor de un tercio de todos los alimentos producidos termina

---

[151] Meta 9.4: De aquí a 2030, modernizar la infraestructura y reconvertir las industrias para que sean sostenibles, utilizando los recursos con mayor eficacia y promoviendo la adopción de tecnologías y procesos industriales limpios y ambientalmente racionales, y logrando que todos los países tomen medidas de acuerdo con sus capacidades respectivas.

[152] Meta 12.1: Aplicar el Marco Decenal de Programas sobre Modalidades de Consumo y Producción Sostenibles, con la participación de todos los países y bajo el liderazgo de los países desarrollados, teniendo en cuenta el grado de desarrollo y las capacidades de los países en desarrollo.

pudriéndose[153] en los cubos de basura de los consumidores y los minoristas, o deteriorándose a causa de las deficientes prácticas de recolección y transporte, algo que las empresas deben solucionar En lo que respecta a los consumidores, los hogares consumen el 29% de la energía mundial y contribuyen al 21% de las emisiones de CO2 resultantes. Sin embargo, si toda la población mundial pasara a utilizar lámparas de alto rendimiento energético, ahorraríamos una enorme cantidad de energía y de las emisiones asociadas a su generación.

Cambiar los patrones de consumo depende de comprender el valor simbólico de los servicios y artículos de consumo, de conocer los sistemas y procesos que conducen su producción y venta, de concienciarse sobre el impacto que nuestros estilos de vida tienen en el mundo en que vivimos, y de desarrollar habilidades que contribuyan a que las personas se conviertan en consumidores informados, reflexivos y responsables.

Nuestros estilos de vida tienen un impacto claro en el ambiente, de la misma forma que nuestras elecciones afectan las vidas de otras personas en todo el mundo. El consumo contribuye al desarrollo humano cuando aumenta las capacidades y enriquece las vidas de las personas sin afectar negativamente al bienestar de otro y cuando es tan justo con las generaciones futuras como lo es con las presentes.

Ya casi terminando la clase, presenté el video *"We the People for the Global Goals[154]"* que reproduce, en base a un guión sobre los 17 Objetivos, las voces y rostros de cientos de personas a lo largo del mundo incluyendo celebridades de la ciencia, la política y el cine.

---

[153] Meta 12.3: De aquí a 2030, reducir a la mitad el desperdicio de alimentos per cápita mundial en la venta al por menor y a nivel de los consumidores y reducir las pérdidas de alimentos en las cadenas de producción y suministro, incluidas las pérdidas posteriores a la cosecha.
[154] Disponible en: https://www.youtube.com/watch?v=RpqVmvMCmp0

"Nosotros podemos y debemos ser la primera generación en acabar con la pobreza extrema.

La generación con mayor determinación para luchar contra la injusticia y la desigualdad

Y la generación que salve al planeta del cambio climático

Y así es como lo haremos. Los Objetivos globales, un plan a quince años para todos, en todos lados sin dejar a nadie afuera

1. Viviremos en un mundo donde nadie más en ningún lado vive en la pobreza extrema

2. Viviremos en un mundo donde nadie tenga de hambre y nadie se levante en la mañana preguntando si habrá algo de comer.

3. Viviremos en un mundo donde ningún niño tendrá que morir por enfermedades que sabemos cómo curar y adonde el apropiado cuidado de la salud será un derecho para todos y para toda la vida.

4. Viviremos en un mundo donde todos irán a la escuela y la educación brindará conocimientos y habilidades para tener una vida llena de satisfacciones.

5. Viviremos en un mundo donde todas las mujeres y las niñas tengan igualdad de oportunidades para prosperar.

6. Viviremos en un mundo donde todos pueden acceder a agua limpia y sanitarios en casa, en la escuela y en el trabajo.

7. Viviremos en un mundo pleno de energía sostenible para todos sin destruir el planeta.

8. Viviremos en un mundo donde las economías prosperan y brindan trabajo decente para todos.

9. Viviremos en un mundo donde nuestras industrias, infraestructuras e innovaciones no se usan solamente para hacer dinero sino para hacer nuestras vidas mejores.

10. Viviremos en un mundo donde los prejuicios y la desigualdad extrema son eliminados tanto hacia el interior de los países como entre los mismos.

11. Viviremos en un mundo donde la gente vive en ciudades que son seguras.

12. Viviremos en un mundo donde reemplazaremos lo que consumimos. Un planeta donde devolveremos a la Tierra lo que previamente tomamos de ella.

13. Viviremos en un mundo que esta decididamente retrayendo la amenaza del cambio climático.

14. Viviremos en un mundo donde restauraremos y protegeremos la vida de nuestros océanos.

15. Viviremos en un mundo donde restauraremos y protegeremos los bosques, los animales y los ecosistemas terrestres en su conjunto.

16. Viviremos en un mundo con paz entre y adentro de los países, donde los gobiernos son abiertos y transparentes sobre lo que hacen y la justicia es la misma para todos.

17. Y deberemos vivir en un mundo donde todos los países y la gente trabajan juntos en alianzas[155] de todo tipo para hacer estos Objetivos Globales una realidad para todos.

---

[155] Meta 17.16: Mejorar la Alianza Mundial para el Desarrollo Sostenible, complementada por alianzas entre múltiples interesados que movilicen e intercambien conocimientos, especialización, tecnología y recursos financieros, a fin de apoyar el logro de los Objetivos de Desarrollo Sostenible en todos los países, particularmente los países en desarrollo.

Estos son los Objetivos de Desarrollo Sostenible de las Naciones Unidas. Acordados por 193 países.

Este es el plan ¡Trabajemos para que suceda!"

Concluí el curso con una reflexión final.

Los 17 Objetivos de Desarrollo Sostenible promueven el establecimiento de una nueva sociedad que no solo sea económicamente próspera sino también socialmente inclusiva, ambientalmente sostenible y bien gobernada. Se elaboraron en más de dos años de consultas públicas, interacción con la sociedad civil y negociaciones entre los países y regirán los programas de desarrollo mundiales durante los próximos 15 años. Al adoptarlos, los Estados se comprometieron a movilizar los medios necesarios para su implementación mediante alianzas centradas especialmente en las necesidades de los más pobres y vulnerables. Si bien los Objetivos constituyen un compromiso común y universal, cada país, en función de los retos específicos que enfrenta en su búsqueda del desarrollo sostenible, tendrá la potestad para establecer sus propias metas nacionales[156], en tanto las mismas se apeguen a los Objetivos de Desarrollo Sostenible.

Al finalizar la clase, partí rumbo a la casa de mi madre a cumplir con mis propios objetivos, acortar la distancia que la enfermedad nos imponía a diario y hacerle saber que estaba allí para acompañarla con todo el amor que pudiera darle.

---

[156] Meta 17.15: Respetar el margen normativo y el liderazgo de cada país para establecer y aplicar políticas de erradicación de la pobreza y desarrollo sostenible.

Anexo I: Los 17 ODS de la agenda 2030 de las Naciones Unidas

1. Poner fin a la pobreza en todas sus formas en todo el mundo.
2. Poner fin al hambre, lograr la seguridad alimentaria y la mejora de la nutrición y promover la agricultura sostenible.
3. Garantizar una vida sana y promover el bienestar para todos en todas las edades.
4. Garantizar una educación inclusiva, equitativa y de calidad y promover oportunidades de aprendizaje durante toda la vida para todos.
5. Lograr la igualdad entre los géneros y empoderar a todas las mujeres y las niñas.
6. Garantizar la disponibilidad de agua y su gestión sostenible y el saneamiento para todos.
7. Garantizar el acceso a una energía asequible, segura, sostenible y moderna para todos.
8. Promover el crecimiento económico sostenido, inclusivo y sostenible, el empleo pleno y productivo y el trabajo decente para todos.
9. Construir infraestructuras resilientes, promover la industrialización inclusiva y sotenible y fomentar la innovación.
10. Reducir la desigualdad en y entre los países.
11. Lograr que las ciudades y los asentamientos humanos sean inclusivos, seguros, resilientes y sostenibles.
12. Garantizar modalidades de consumo y producción sostenibles.
13. Adoptar medidas urgentes para combatir el cambio climático y sus efectos.
14. Conservar y utilizar en forma sostenible los océanos, los mares y los recursos marinos para el desarrollo sostenible.
15. Promover el uso sostenible de los ecosistemas terrestres, luchar contra la desertificación, detener e invertir la degradación de las tierras y frenar la pérdida de la diversidad biológica.

16. Promover sociedades pacíficas e inclusivas para el desarrollo sostenible, facilitar el acceso a la justicia para todos y crear instituciones eficaces, responsables e inclusivas a todos los niveles.

17. Fortalecer los medios de ejecución y revitalizar la Alianza Mundial para el Desarrollo Sostenible.

Anexo II: Los ODS en Argentina

La Argentina, al suscribir la Agenda 2030, se comprometió con su implementación y con el establecimiento de un proceso sistemático de seguimiento y análisis de los progresos hacia el alcance de los ODS.

En nuestro país, este proceso es liderado por el Consejo Nacional de Coordinación de Políticas Sociales de Presidencia de la Nación que tiene entre sus funciones:

1- Posicionar a los ODS en la agenda de los Estados nacional, provincial y local, y sensibilizar a la sociedad en conjunto.
2- Impulsar mecanismos de participación y colaboración con los ODS desde el sector privado empresarial, las universidades y las organizaciones de la sociedad civil.
3- Coordinar los procesos de adecuación a los ODS en las distintas instancias gubernamentales.

Para cumplir con el compromiso asumido, el Consejo estableció la Comisión Nacional Interinstitucional de Implementación y Seguimiento de los ODS conformada por un conjunto de los Ministerios y otros Organismos nacionales. Esta Comisión dio inicio a un proceso de adaptación de las metas priorizadas a través del trabajo organizado en seis Grupos de Trabajo. El producto de este trabajo provee las bases para el seguimiento de los progresos hacia el logro de las metas determinadas para cada objetivo.

El Consejo también estableció la "plataforma ODS[157]" que muestra los indicadores y sus correspondientes metas intermedias y finales que resultan de la adaptación Argentina de los Objetivos de Desarrollo Sostenible.

---

[157] Disponible en: https://plataforma.odsargentina.gob.ar/explora

Bibliografía[158]

Resolución 55/2 de la Asamblea General (13 de septiembre de 2000). Declaración del Milenio (A/RES/55/2*).
Disponible en: http://www.un.org/spanish/milenio/ares552.pdf

Foladori Guillermo y Naína Pierri (2005) ¿Sustentabilidad? Desacuerdos sobre el desarrollo sustentable. Colección América Latina y el Nuevo Orden Mundial. México: Miguel Ángel Porrua, UAZ, Cámara de Diputados LIX Legislatura, ISBN 970-701-610-8.
Disponible en:
https://diversidadlocal.files.wordpress.com/2012/09/desacuerdos-sobre-el-desarrollo-sustentable.pdf

Population Reference Bureau (2003). Guía rápida de la población. Arthur Haupt y Thomas T. Kane. 4ª edición.
Disponible en: http://www.prb.org/pdf/PopHandbook_Sp.pdf

United Nations, Department of Economic and Social Affairs, Population Division (2015). World Population Prospects: The 2015 Revision, Methodology of the United Nations Population Estimates and Projections. Working Paper No. ESA/P/WP.242.

World Health Organization (2015). Health in 2015: from MDGs, Millennium Development Goals to SDGs, Sustainable Development Goals.
Disponible en: https://digicollections.net/medicinedocs/#/d/s22230en

World Bank Group (2016). Global Monitoring Report 2015/2016: Development Goals in an Era of Demographic Change. Washington, DC: World Bank. DOI: 10.1596/978-1-4648-0669-8. License: Creative Commons Attribution CC BY 3.0 IGO

---

[158] Ordenada conforme a su aparición en el texto.

Disponible en: https://reliefweb.int/report/world/global-monitoring-report-20152016-development-goals-era-demographic-change

CEPAL (2001). Enfoques para la medición de la pobreza. Breve revisión de la literatura. Juan Carlos Feres y Xavier Mancero. División de Estadística y Proyecciones Económicas. Santiago de Chile, enero de 2001.
Disponible en: http://dds.cepal.org/infancia/guia-para-estimar-la-pobreza-infantil/bibliografia/capitulo-I/Feres%20Juan%20Carlos%20y%20Xavier%20Mancero%20(2001a)%20Enfoques%20para%20la%20medicion%20de%20la%20pobreza.pdf

The International Bank for Reconstruction and Development/The World Bank (2009). Handbook on Poverty and Inequality. Jonathan Haughton y Shahidur R. Khandker.
Disponible en:
https://openknowledge.worldbank.org/bitstream/handle/10986/11985/9780821376133.pdf

World Bank (2015). Global Poverty Goals and Prices. How Purchasing Power Parity Matters. Dean Jolliffe, Espen Beer Prydz. Policy Research Working Paper 7256. Development Research Group Poverty and Inequality Team. May 2015.
Disponible en:
https://openknowledge.worldbank.org/bitstream/handle/10986/21988/Global0poverty0power0parity0matters.pdf?sequence=1&isAllowed=y

PNUD (2016). Informe sobre Desarrollo Humano. Desarrollo humano para todos.
Disponible en:
http://hdr.undp.org/sites/default/files/HDR2016_SP_Overview_Web.pdf

Costanza Robert, Ida Kubiszewski, Enrico Giovannini, Hunter Lovins, Jacqueline McGlade, Kate E. Pickett, Kristín Vala Ragnarsdóttir, Debra

Roberts, Roberto De Vogli& Richard Wilkinson (2014). Development: Time to leave GDP behind. Nature 505, 283–285 (16 January 2014) doi: 10.1038/505283a

FAO (2003). Metodología de la FAO para medir la privación de alimentos. Dirección de Estadística de la FAO. Roma, octubre de 2003.
Disponible en: http://www.oda-alc.org/documentos/1341439077.pdf

FAO (2014). Refinements to the FAO methodology for estimating the prevalence of undernourishment indicator. Nathan Wanner, Carlo Cafiero, Nathalie Troubat, Piero Conforti. FAO Statistics Division Working Paper Series ESS / 14-05.
Disponible en: http://www.fao.org/3/a-i4046e.pdf

Conferencia Internacional del Trabajo, 102.ª reunión (2013). Informe V. El desarrollo sostenible, el trabajo decente y los empleos verdes.

Oficina Internacional del Trabajo (2013). Inquietud y tecnología, pasado y presente. David Autor y David Dorn. ISBN 9789232881793.
Disponible en:
http://www.ilo.org/public/spanish/dialogue/actemp/downloads/events/2013/symp/technology_anxiety_sp.pdf

Instituto Nacional de Estadísticas y Censos (1997) ¿Cómo se mide el desempleo? (Abril de 1997). República Argentina.
Disponible en: https://biblioteca.indec.gob.ar/bases/minde/2mi427.pdf

FAO (2017). El futuro de la Tendencias alimentación y agricultura. Tendencias y desafíos. Disponible en: http://www.fao.org/3/a-i6881s.pdf

Programa de las Naciones Unidas para el Medio Ambiente (2014).
Midiendo el progreso metas y brechas ambientales. Publicado en marzo 2014. ISBN: 978-92-807-3260-3.

Disponible en:
http://www.pnuma.org/deat1/pdf/Measuring%20Progress%20Spanish%2
0Final%20WV.pdf

Castillo Marín, Nazareno (2015). El Ambientalista Científico. EdUNTREF
.I.S.B.N: 9789871889884.
Disponible en: https://www.amazon.com/-/es/Nazareno-Castillo-Marin-
ebook/dp/B07WRMTN5D

ONU Mujeres (2016). Informe anual 2015-2016.
Disponible en: http://www.unwomen.org/-
/media/annual%20report/attachments/sections/library/un-women-
annual-report-2015-2016-es.pdf?vs=3039

Organización Internacional para las Migraciones (2018). La migración en la
Agenda 2030.
Disponible   en:
http://www.migration4development.org/sites/default/files/es_sdg_web.
pdf

IPCC (2014). Cambio climático 2014: Informe de síntesis. Contribución de
los Grupos de trabajo I, II y III al Quinto Informe de Evaluación del Grupo
Intergubernamental de Expertos sobre el Cambio Climático. IPCC,
Ginebra, Suiza, 157 págs.
Disponible   en:
https://www.ipcc.ch/site/assets/uploads/2018/02/SYR_AR5_FINAL_full_e
s.pdf

Mir, Goher-Ur-Rehman and Storm, Servaan (2016). Carbon Emissions and
Economic Growth: Production-Based versus Consumption-Based Evidence
on Decoupling. April 1, 2016. Institute for New Economic Thinking
Working Paper Series No. 41.

CEPAL (2014). Negociaciones internacionales sobre cambio climático.
Estado actual e implicaciones. Fernando Tudela (Noviembre de 2014).

Disponible   en:
http://repositorio.cepal.org/bitstream/handle/11362/37329/S1420809_e
s.pdf

Agencia Internacional de Energía (2015). World Outlook Energy. Resumen
ejecutivo en español.
Disponible en:
https://coyunturapolitica.files.wordpress.com/2016/08/weo2015es_spani
sh-1.pdf

IRENA (2014). REmap 2030: Hoja de ruta para las energías renovables,
Resumen de las conclusiones (Junio de 2014, Abu Dabi).
Disponible en: https://www.irena.org/-
/media/Files/IRENA/Agency/Publication/2014/IRENA_REmap_2030_sum
mary_2014_ES.PDF?la=en&hash=48A69749036ED8753C92FD5F4951C79C
01CD1F1F

OCDE/AAIE (2015). Indicadores de Eficiencia Energética: Bases Esenciales
para el Establecimiento de Políticas.
Disponible en: http://biblioteca.olade.org/opac-
tmpl/Documentos/cg00333.pdf

UNWATER (2009). *Monitoring progress in the water sector: A selected set
of indicators"*. UN-Water Task Force on Indicators, Monitoring and
Reporting.
Disponible   en:
http://www.unwater.org/app/uploads/2017/05/TFIMR_Annex_FinalRepo
rt.pdf

Documento final de la Conferencia de las Naciones Unidas sobre el
Desarrollo Sostenible (19 de junio de 2012). El futuro que queremos.
Disponible   en:
https://sustainabledevelopment.un.org/content/documents/764Future-
We-Want-SPANISH-for-Web.pdf

Resolución 70/1 de la Asamblea General (21 de octubre de 2015). Transformar nuestro mundo: la Agenda 2030 para el Desarrollo Sostenible (A/70/L.1).
Disponible en: http://unctad.org/meetings/es/SessionalDocuments/ares70d1_es.pdf

World Bank (2017). Atlas of Sustainable Development Goals 2017: From World Development Indicators. World Bank Atlas;. Washington, DC: World Bank. © World Bank.
Disponible en: http://hdl.handle.net/10986/26306

Nilsson Måns, Dave Griggs& Martin Visbeck (2016). Policy: Map the interactions between Sustainable Development Goals. Nature 534, 320–322 (16 June 2016). doi:10.1038/534320a.

Sachs, Jeffrey (2015).The age of sustainable development. New York: Columbia University Press.

Diamandis, P. H., & Kotler, S. (2012). Abundance: The future is better than you think. New York: Free Press.

Gehrke I, GEIser A, Somborn-Schulz A (2015). Innovations in nanotechnology for water treatment. Nanotechnology, Science and Applications. 2015; 8:1-17. doi:10.2147/NSA.S43773.
Disponible en: https://www.ncbi.nlm.nih.gov/pmc/articles/PMC4294021/

Hall Andy and Kumuda Dorai (2010). The greening of agriculture. Agricultural innovation and sustainable growth. Paper prepared for the OECD Synthesis Report on Agriculture and Green Growth, 2011 (November 2010).
Disponible en: https://www.oecd.org/tad/sustainable-agriculture/48268377.pdf

Banco Interamericano de Desarrollo (2012). Las redes inteligentes de energía y su implementación en ciudades sostenibles. Yuri Lee, Juan Roberto Paredes, and Soo Hyun Lee. Technical Note 446 (Agosto de 2012).

Disponible:
https://publications.iadb.org/publications/spanish/document/Las-redes-inteligentes-de-energ%C3%ADa-y-su-implementaci%C3%B3n-en-ciudades-sostenibles-RG-T2058.pdf

Banco Mundial (2016). Informe sobre el desarrollo mundial 2016: Dividendos digitales. Panorama general. Washington DC. Licencia: Creative Commons de Reconocimiento CC BY 3.0 IGO.
Disponible en:
http://documents.worldbank.org/curated/en/658821468186546535/pdf/102724-WDR-WDR2016Overview-SPANISH-WebResBox-394840B-OUO-9.pdf

Jackson, T. (2009). Prosperity without growth: Economics for a finite planet. London: Earthscan.

www.ingramcontent.com/pod-product-compliance
Lightning Source LLC
Chambersburg PA
CBHW031107250726

48655CB00004B/1616